In den Unterlagen ihrer verstorbenen Mutter entdeckt die Erzählerin den maschinengetippten auf Deutsch geschriebenen Bericht ihres nach Amerika ausgewanderten Großonkels Fred, früher Siegfried, aus seiner Zeit als Häftling im KZ Buchenwald. Er berichtet vom Leben im gerade erst eröffneten Lager und von der Nacht des 9. November 1938, als die Osnabrücker Synagoge brannte. Die Erzählerin übersetzt das engbeschriebene 25-seitige Dokument in ihre literarische Sprache und bringt es in einen Dialog mit den Erinnerungen ihrer Mutter, mit mündlichen und schriftlichen Überlieferungen vom Brand der Synagoge in jener Nacht. Als die ersten antijüdischen Gesetze erlassen wurden, gingen einige bereits fort, andere später oder erst im letzten Moment. Warum blieben manche, bis sie zusammen mit denen, die zur falschen Zeit zurückgekehrt waren, deportiert wurden?

Hélène Cixous, geboren 1937 in Algerien, lebt als Schriftstellerin und Professorin in Paris.

1938, NÄCHTE
PASSAGEN FORUM

Hélène Cixous
1938, Nächte

Aus dem Französischen von
Esther von der Osten

Passagen forum
herausgegeben von
Peter Engelmann

Passagen Verlag

Deutsche Erstausgabe
Titel der Originalausgabe: *1938, nuits*
Aus dem Französischen von Esther von der Osten

Dieses Buch wurde ermöglicht durch die freundliche Unterstützung von Hans-Jürgen Fip, Karin Jabs-Kiesler, dem Fachbereich Kultur der Stadt Osnabrück und dem Literaturbüro Westniedersachsen.

Die Übersetzerin dankt der Kunststiftung Nordrhein-Westfalen und dem Europäischen Übersetzer-Kollegium Straelen für die Förderung der Übersetzung.

Die Deutsche Nationalbibliothek verzeichnet diese Publikation in der Deutschen Nationalbibliografie; detaillierte bibliografische Daten sind im Internet über http://dnb.dnb.de/ abrufbar.

Alle Rechte vorbehalten
ISBN 978-3-7092-0579-2
© 2019 by Éditions Galilée
© der dt. Ausgabe 2024 by Passagen Verlag Ges. m. b. H., Wien
Grafisches Konzept: Gregor Eichinger
Satz: Passagen Verlag Ges. m. b. H., Wien
http://www.passagen.at
Druck: Ferdinand Berger & Söhne GmbH, 3580 Horn

# Waschzettel: Bitte einfügen

Es ist das vierte Buch, das mich nach Osnabrück zurückbringt, in die Stadt meiner Familie mütterlicherseits. Ich suche. Ich versuche zu verstehen, warum Omi meine Großmutter im November 1938 immer noch dort war. Genau wie ihre Brüder und Schwestern. Und dies, obwohl schon seit Jahren die *M*onster[1] den deutschen Himmel besetzt hielten und den *J*uden gegenüber Todesdrohungen kundgaben, aber Omi dachte noch immer, dass sie Deutsche sei, selbst nachdem sie zur *Nichtarierin* erklärt worden war, selbst als die deutsche Sprache jeden Monat neue antijüdische Abszesse bildete. Sicherlich, ihr Mann war 1916 für Deutschland gestorben, aber dennoch.

Die Parkbank ist für *J*uden verboten.

Welchen Mut braucht es für sie, um in der Stadt zu bleiben, die die Ihren verbrennt, während K. der große nationalsozialistische Menschenfresser hämisch lachend vor unserem boykottierten großen Kaufhaus vorbeigeht, oder vielleicht welchen Schrecken? Oder ist vielleicht die Stimme der Angst stärker als die Stimme ihrer Tochter, Ève, meiner Mutter, die schon 1933 für immer das Weite gesucht hat?

Keinerlei Erklärung.

Ich verstehe nicht, warum ich nicht verstehe.

Es gibt so viele Arten von *J*uden, die nicht mehr wissen, wer sie sind. Es gibt welche, die fortgehen, aber nicht weit genug fort, als ob sie fürchteten, sie könnten – was? – verlieren. Es gibt *J*uden-die-nicht-fortgehen. Eri, die kleine Schwester meiner Mutter Ève ist 1933 fort, als ihr die Schwimmbäder verboten worden sind. Aber Siegfried ist geblieben. Nussbaums auch. Es gibt welche, die fortgehen wollten, als man nicht mehr fortgehen konnte. Es gibt welche, die zurückgekommen sind, um sich zu verlieren, ins Verderben. Was würde dich dazu bringen, fortzugehen? frage ich mich. Und Sie, was würde Sie dazu bringen? Man kann nicht sagen, dass Omi am Ende fortgegangen sei.

Sie hat mir nie von der *K*ristallnacht erzählt. Und dabei gab es da doch genug, was einem ein Licht hätte aufsetzen können.

Da es mir nicht gelingt, ins Innere meiner Großmutter zu gelangen, beschließe ich, die *E*ntscheidende *N*acht durch das Innere von Siegfried K., einem Freund meiner Mutter, zu betreten. Vor 25 Jahren hat er gerade seinen Doktor med. erschuftet, da brennt die *G*roße *S*ynagoge ihm vor seinen Augen ab, der Schiffbruch bringt ihn nach Buchenwald, zur Einweihung durch die *E*rsten *D*eportierten. Ich folge ihm.

Er weiß nicht, was ihm geschieht. Es ist neu. Es hat eben erst aufgemacht. Es ist noch nicht fertig. Buchenwald liegt neben Weimar. Weimar, das war Goethe. Siegfried ist ein bescheidener Robinson im Jahr 1938 aktionierter Jude. Vorher wusste ich nicht, was das ist, ein aktionierter Jude. Folgen wir Siegfried in die berühmte Nazi-Nacht mit Tausenden von Bränden, Prolog zur Zeit der *V*ernichtung. So gern würde ich ihn fragen können, warum und wie er noch da ist.

*Ein kleines Buch schläft in der Nacht*

Gegen 2 Uhr in der Julinacht ruft Maman mich von oben. Ich stehe auf. Sie kündigt mir, mit ihrer Stimme, an, dass sie mir dringend ein kostbares Paket aus dem Fenster werfen muss. Gibt es eine Invasion? Steht der Feind vor den Toren? Schon fliegt das Paket. Und fällt auf die Straße. Gleich wird der Morgen dämmern. Ich bin nicht angezogen. Niemand kommt auf die Idee, sich zu rühren. Ich grummele und ziehe mich schnell an. Ich eile hinab. Dieses Ding, das meine Mutter mir zugeworfen hat und von dem ich nicht weiß, was es ist, muss gerettet werden. In der Dunkelheit. Leuchtet. Ein kleines weißes Paket, akkurat, in Papier eingepackt. Ein Buch, würde man meinen. Ich sammle es auf. Welch ein Gewicht! Kein Zweifel, es ist Gold. Mit diesem in weißes Papier gekleideten Schatz gehe ich wieder nach oben.

Es ist der fünfte 1. Juli, seit meine Mutter den Rucksack geschultert hat und zu ihrer Reise um die andere Welt aufgebrochen ist, ich weiß nie, von wo sie mich nächstes Mal anrufen wird. Sie hat mir die Obhut ihrer Pariser

Wohnung anvertraut, wo alles im Bernsteinschatten lagert, ihre Gegenwarten und Anwesenheiten, eine davon ihre Abwesenheit, ihr Archiv, ihre Abenteuer, ihre Leben und ihre Meinungen. Jahrzehnte von Grabungen liegen hier vor mir. In Wahrheit werde ich am Ende nicht zu Ende sein, ich werde fast alles verloren haben. Vielleicht sogar sie. Etliche Male habe ich geglaubt, sie zu verlieren, ich habe sie verloren, sie ist wiedergekommen. Das bringt mich auf den Gedanken an die Reise, die sie mit Fred gemacht hat, ich hatte 2000 in Des Moines zu tun, in Iowa, Fred mit seinem weißen Cadillac, er saß am Steuer, er ist etwas jünger als sie, er ist noch nicht ganz 90, sie sagt: Er wirkt älter als ich. Ich schaute ihnen nach wie sie die große Straße nahmen, für ihren Road Movie hatte Fred die amerikanische Eleganz eines Bräutigams angelegt, die Eleganz war amerikanisch, eine weiße Rose im Knopfloch, Ève wie gewohnt, Hose, feste Schuhe, bereit, *ready, the readiness is all*, kennst du das? Laut Ève ist das von Heine, Fred startet immer mit zwei Sekunden Verspätung, sie biegen ein in die unermessliche amerikanische Straße.

Fünf Tage vergehen sind vergangen, am Ende hielt ich meine Angst nicht mehr im Zaum, oder meine Wut, nach fünf Tagen wenn sie unterwegs gestorben wären, stürbe ich daran, wenn sie nicht gestorben wären, risse ein ungeheurer Zorn mich fort, und am sechsten Tag bin ich geplatzt.[2] Ève hatte die Zeit nicht vergehen sehen. Auch für Fred vergeht die Zeit nicht. Ihr hättet mich doch anrufen können! schrie ich. Mörder!

Je nach Sprache ihres Gesprächs wechseln sie die Zeiten. Im Jahr 2000 reisten sie auf Englisch, aber für den Zank kam das Deutsche. Mit mir das Französische. Ich schrie auf Französisch.

Èves Wohnung ist eine Vorratskammer an Ereignissen, eine Evenementreserve. Der Tresor der Schöpfung, möchte man fast sagen. Eine Saatgutbibliothek, Körner, die vor fünf Jahren mit Maman gestorben sind. Aber mit ein wenig Glück, mit meinen Tränen und Gelächtern gelingt es beiden zusammen, wie eine Art künstliche Befruchtung, sie wiederzubeleben. Es sind Wahrheitskörner.

In dem kleinen Metallmöbel gefunden: kleine Kalender von Ève 2004, 2005, 95 Jahre. Ich halte 2005 für leer. Innen eingeklebt ein Zettel, er stellt die Liste der Vorwürfe-Ratschläge auf, die Ève an H richtet. Ich erkenne alle wieder. Ich erkenne sie wieder. Ich entdecke, wie meine Mutter sich 2005 mit dem eifrigen Fleiß eines Notargehilfen im Schweiße seines Zorns auf eine Konfrontation vorbereitete. Beschwerdezettel. Ich nahm sie auf die leichte Schulter. Sie fügt hinzu: Du hörst nie auf meinen Rat. Sie stellt die Liste ihrer Verärgerungen auf wie sie ihre Einkäufe nachrechnet, ohne die kleinste Ausgabe zu vergessen, wie mit Helena, für die Antenor das komplizierte Portrait von Odysseus zeichnet, von einem, der zu jeder List imstande ist und zu genauso vielen Abirrungen. Der Zettel zeichnet das Portrait der Tochter meiner Mutter. Wenn ihre sehr helle Stimme aus ihrer Brust tönt und Worte wirft, die den Flocken des Winterschnees gleichen, dann kann kein Sterblicher gegen Odysseus streiten. Ich mochte sehr den Schnee in Osnabrück, sagt meine Mutter, die ganze Stadt ist verzaubert, aber dann schmilzt es.

Auf dem Regal im Flur gefunden: ein Folio-Dokument von fünfundzwanzig maschinengetippten Seiten, einfacher Zeilenabstand, ohne Rand oben oder unten, vierundvierzig Zeilen pro Seite, unnummeriert, in schlecht erhaltenem Zustand, vergilbtes und verstaubtes Papier, ohne Titel, ohne irgendeinen Zwischenraum, ohne Absatz, ohne Unterschrift, ohne Deckblatt.

Es gibt Kommata und Punkte, aber keine Leere, dieser Text hat keine Zeit, er rollt schwer und geschwind daher, wie im Traum eines Kriegsherrn ein Widder mit dichtem Vlies durch eine große Schafherde rast, vom ersten Satz bis zur letzten Zeile kennt er keine Rast.

In den Novembertagen des Jahres 1938 hatte jedermann das mehr oder weniger sichere Gefühl, dass Etwas in der Luft liegt

von den Novembertagen des Jahres 1938 an bis zur Seite 24 *waren wir in der Baracke der staendigen und unmittelbaren Aufsicht der SS entzogen, deren Anwesenheit staendige Lebensgefahr bedeutete*\*3

Dieser Text steht zusammengepfercht unter der ständigen ununterbrochenen unmittelbaren Überwachung der SS deren fortwährende Anwesenheit *Leben* in *Gefahr* bedeutete, und ist in der deutschen Sprache ausgeführt, ein Zug, der ihn mir unzugänglicher und also beunruhigender macht.

Er gibt sich nicht preis. Will nicht Buch werden. Er verteidigt sich wie nie zuvor, das ist offensichtlich. Wogegen? Gegen wen? Ich müsste kämpfen, um ihn zu lesen. Ich müsste Lust haben zu kämpfen.

Unter der *Aufsicht* der SS, die auf Deutsch *Lebensgefahr*\* bedeutet die *danger de mort* auf Französisch bedeutet.


Ich war bei meiner Mutter, in ihrer Abwesenheit, unter einem Gewitter aus Jahren. Als ich mich am Vorwurfszettel nähren wollte konnte ich ihn nicht wiederfinden. Es ist, als hätte ich meine Mutter verloren, ihre Stimme, mein Blut, mein Gedächtnis. Als habe man mir meine Papiere, mein Portrait gestohlen. Als habe mir von einer Stunde zur nächsten die Polizei die Taschen geleert, den Ausweis abgenommen, den Identitätsnachweis, meine Erlaubnis, den Friedhof zu betreten, die letzten Ratschläge meiner Mutter.

Ich bin unglücklich, Novemberkälte herrscht in der Wohnung, ich habe die Zorne meiner Mutter verloren, die ich auf die leichte Schulter nahm, ich verliere meinen Kompass, große Trauer ergreift mich.

Ich bemerke meine Mutter, zumindest ihre Silhouette, sie sitzt mit gesenktem Kopf an dem kleinen Schreibtisch, dabei, ihre Geschichten zu machen und sich auf die Schlacht vorzubereiten, sie sieht mich nicht, ich bin es, die glaubt, sie zu sehen, sie hätte mir dann gesagt:
– Du verfehlst das Leben
Du wirfst alles weg, hebst nichts auf,
Wenn du kommst, habe ich Angst um meine Schachteln und meine Töpfe
Wir haben nicht dieselbe Mentalität
Wenn ich nicht alle Deckel aufgehoben hätte,
Hätten wir kein Geld gehabt
Du bist eine Beamtin
Wir haben nicht dasselbe Verhältnis zum Geld
Ich fand immer die Dinge wichtiger,
die ich tat, als die Dinge, die ich bekommen wollte
Auf den höchsten Berg steigen
Aufs Zehnmeterbrett, nach sowas habe ich nie gestrebt
Es ist nicht so, dass du autoritär wärest
Du versuchst zu bekommen was du willst

Wenn ich sehe, wer dich umgibt, nämlich
Einzig und allein Herren und Herrinnen
Die in gewisser Weise
Herrische Megären und Megärer sind
Ich habe mich immer ferngehalten
Von Leuten die mich belästigten
Du hast nicht dieselbe Mentalität wie ich
Du hattest nicht denselben Werdegang
Ich war verwaist ich dachte
Ich muss meine Zukunft in die Hand nehmen
Ich darf von den anderen nichts erwarten
Ich bin manchmal sehr zufrieden mit dir
Aber von Zeit zu Zeit
Brauchst du mal einen Klaps auf den Po
Du stellst deine Rechnungen nicht
Du solltest deine Papiere aufräumen

Dann hätte ich ihr gesagt:
– Und du? sage ich. Wer hat diesen Bericht auf Deutsch auf dem Regal im Staub der Jahre herumliegen lassen? Bis er vermodert

Und sie:
– Ich hatte es so für dich vorbereitet. Das ist Freds Zeugenaussage. Zum Bersten voll
Darauf würden wir beide Freds Bild durch den dunklen Flur gehen sehen, an seinem x-beinigen Kleinformat ist er eindeutig zu erkennen, klangvolle Stimme kleiner Mann.

– Ich habe schönen Männern immer misstraut, denkt meine Mutter. Im Grunde bin ich eine Einzelgängerin, ich habe nicht nach der Liebe gesucht, ich habe nicht nach dem Mann gesucht. Ich bin nicht vielen interessanten Männern begegnet. Ich habe allerhand Ärzte getroffen. Sie waren verheiratet. René, der war ein guter Kamerad. Ein guter Junge, intelligent, ehrlich, wir sind zusammen auf Reisen gegangen, er war nicht außerordentlich freigebig, aber er war freundlich.

Und schließlich Fred, der einzige Deutsche, ein Arzt, und nicht verheiratet. Ein sehr intelligenter Mann. Aber was willst du, die Grenze ist mein Sinn für Ästhetik, da hört's auf.

Hast du schon mal so viele Wörter auf einem einzigen Blatt gesehen?

Gut fürs Papier, ja. Mir fehlt da Luft.

Wenn Feuer droht oder das Wasser einer Flut, wird einem jäh der Raum entzogen, da ist keine Zeile zu verlieren, jeder Millimeter zählt, jeder Augenblick ist Luxus, innerhalb von einer Stunde stopft man in den etwa fünf Quadratmeter großen Keller ungefähr zwanzig Juden der Stadt, die auf den verschiedenen Straßen gestern noch beträchtlichen Abstand zu einander hielten, und einige hatten einander nie gesehen, kannten sich nicht, die jetzt zu Wurstfleisch zerkleinert waren, wie ein Polizeibeamter, dessen Name nicht bekannt ist, sich sagte. Der steinerne Darm ist nicht dehnbar, das lebendige Fleisch jedoch ist pressbarer als man geglaubt hätte.

Daran lässt mich die Seite, die in Erstickungsnot steckt, denken.

Bisher war nun noch nichts passiert, dass mich besonders beunruhigen konnte, beunfuhigen ueber das ziemlich unbequeme Gefuehl, in einem K.Z. zu sitzen. Aber die nun kommende Nacht sollte mich eines besseren belehren. Ich habe bis zum allerletzten Augenblick einen ziemlich klaren Kopf behalten, sehr im Gegensatz zu manchen oder den meisten anderen, und was ich nun berichte, ist ein Augenzeugenbericht, an dessen Authentitaet kein Zweifel moeglich ist. Das erste, was unheimlich war, war die ungeheure Ueberlastung der leichten Holzgestelle, die unsere Unterkunft waren. Es aechzte und knarrte aeusserst besorgniserregend in dem leichten Gebaelk, man musste denken, dass irgendwo die Gestelle zusammenbrechen wuerden und die in tieferen Gefaechern Liegenden erdruecken wuerde. Die Wachen trieben dasselbe Spiel wie gestern, was das Austreten anlangte. Wieder hatten einige Erfahrene aber wenig Vertrauen Erweckende unter uns das Kommando. Ploetzlich schien tatsaechlich an einer Stelle das Geruest zusammenzubrechen und man hoerte Angstschreie. Unsere Wachen stuermten an die Stelle, wo das Gerneusche herkam und wir hoerten, wie sie die Aufgeregten beschworen, Ruhe zu bewahren, sonst wuerden fuerchterliche Dinge passieren. Trotzdem schien es nun, als ob einigen die Nerven durchgingen. Die Psychiatrie muesste es exogene Erregungszustaende nennen, was nun kam. Aus der Dunkelheit schrie einer unheimlich und unaufhoerlich einige Worte, die ich leider vergessen habe. Seine Nachbarn suchten ihn zur Ruhe zu bringen, aber vergebens, er begann immer wieder, zu gellen und zu schreien. Bald fing ein zweiter an. Unsere Wachen eilten wieder an den Tatort und ich hatte den Eindruck, dass sie versuchten, nachdem sie vergeblich auf die armen Opfer eingeredet hatten und die schlimmsten Dinge prophezeit hatten, die Schreier zu knebeln. Aber nun war es zu spaet. Vom Tor schrie einer : Achtung und stand stramm. Wir sahen einen Sturmbannfuehrer im Tor, den Revolver gezogen, groesste Wut und Aufregung in seinem Gesicht. Sofort herrschte Totenstille, jeder schien zu fuehlen, dass der Kerl jeden Augenblick beginnen wuerde, wahllos in die Menge zu schiessen. Alles Licht war an. In der Totenstille hoerte man die Schreie derer, die den Kopf verloren hatten, um so deutlicher. Der Leutnant

schen dabei hatten. Als wir aufgestellt waren beobachteten wir, wie unsere Kranken aus den Baracken und aus der Krankenbaracke, als welche die Waschkueche diente, auf schmutzigen Decken herangeschleppt wurden, indem je ein Mann an den 4 Ecken anfasste. Darunter waren schwerst kranke Leute und Schwerverletzte. Als sie auf dem Platz ankamen, zwangen unsere Waechter die kranken Menschen aufzustehen und stramm zu stehen, natuerlich fielen sie wie die Fliegen. Wenn sie auf dem Boden lagen, halb ohnmaechtig, schlugen die Scharfuehrer mit der Peitsche oder Holzlatten auf die Koepfe der Opfer, bis sie wieder "wach" waren. Sie nannten das in der Tat: Aufwecken. Waehrend wir in Reihen stramm standen, wurden die Toten der letzten Nacht herausgeschleppt, es waren zwischen 20 und 30 Bahren, die ich sah. Mit unverhohlener Freude wurden durch die Lautsprecher die Zahlen der Angetretenen, der Verwundeten und der Toten uns allen angekuendigt. Unterdessen gingen die S.S. Leute durch unsere Reihen und richteten und aus mit der Hilfe von Ohrfeigen, Faustschlaegen, Fusstritten, jedes Mittel war recht, uns zu quaelen. Wie alle Scharfuehrer sprach auch der Lagerkommandant in unverfaelschtem Thueringisch oder Saechsisch, die gewoehnliche Anrede war: "Judenhaufen, herhoeren, oder Sauhaufen, Ruhe etc. Nun hielt er eine kleine Rede. Da es bisher mit der Essensverteilung so schlecht geklappt haette, wollte die Lagerleitung da nun selber in die Hand nehmen, damit wir endlich einmal etwas zu essen bekaemen. Ausserdem sollten wir es ganz bequem haben und sitzen. Es kam das Kommando: Links um und alles hinsetzen. In endlos langen Reihen sassen wir nun auf dem Boden, der aus Schotter, zusammengehalten durch Teer, bestand. Wir konnten aber keineswegs so sitzen, wie wir wollten. Sie zwangen uns, ganz dicht zusammenzuruecken, sodass jeder seinen unmittelbaren Vordermann unmittelbar zwischen seinen gespreizten Beinen hatte. In dieser Anordnung zwangen sie uns, von morgens um 10 bis abends um 5 ununterbrochen zu auszuhalten. Mit ihren Reitpeitschen zwangen sie uns immer dichter zusammenzuruecken, vor allen Dingen erlaubten sie niemandem aufzustehen. Vor allem fuer die alten Maenner war das eine unerhoerte Tortur, da es unmoeglich war den primitivsten Beduerfnissen nachzukommen. Waehrend wir

# Etwas liegt in der Luft

*Etwas*\*

„Il-y-a-quelque-chose-dans-l'air", „Etwas-liegt-in-der-Luft", sagt Fred, wie Jedermann sagt und wie ich Fred so nachgehe in die Nacht, in die deutsche Sprache, habe auch ich die deutsche Empfindung, dass *Etwas in der Luft liegt*\*, etwas, ein Quoi in der weiblichen Luft, liegt da, der Satz wiegt mit seiner ganzen ungewohnten gewohnten deutschen Fremdheit, das Was, das Ding, das keine andere Identität hat als diese lastende liegende Anwesenheit ohne ausgedehnte Form reines ungreifbares Gespenst, belegt vielleicht die ganze Luft.

„Wasndas?", sagt meine Mutter, unruhig, oder auch „Wogehtsnhin?"

alle schweigen all diese Schweigen verleihen auf einmal der Nacht eine Art hechelnden Atem,

dass *Etwas*\* liegt, macht die Furcht noch obskurer – Mittwoch, sagt Fred, das ist mal eine konkrete Angabe, um den Jungen in ihm zu beruhigen, der umhertastet, oder er wird geahnt haben, dass dieser Mittwoch später niemals einer der zahlreichen vergänglichen Mittwoche seines Lebens gewesen sein wird, sondern der einzige, der nächtliche, die Nacht-wie-keine-andere, der eisige, der flammende

*Etwas*\* liegt auf dem Leib der Luft als wolle es die Mutter erdrücken und der Saum der Welt ist rot, am Grund der Landschaft ist der untere Rand der Nacht rot gemalt, blutrot, das Rot rührt sich

„Was ist das denn? Das kann doch nicht sein", murmelt Jedermann. Der Chor setzt sich jetzt aus acht, jetzt zwölf eingemummelten Personen zusammen, es ist zwei Uhr dreißig, langsam kommt man angerannt, *Etwas\** macht, dass alles sonderbar ist, auch Rennen ist verlangsamt

wie wenn es im dritten Gesang der *Ilias* auf Mord und Sterben zugeht, über unseren Köpfen donnert schon der Schicksalsschlag, es ist nicht zu leugnen, dennoch leugnet man es, noch eine Minute, ein Augenblick, der Gesang schlägt plötzlich einen Umweg ein

„rasch, Götter, eine Verzögerung!" denkt der schaudernde Jedermann, und ein paar Verse lang bleibt der Adler, die Nachricht, das Ding in der Schwebe, schwebt über dem Stadtzentrum, Höhe Heger Tor, da, wo der Wall sich auf die Rolandsmauer öffnet,

auf diesen großen Straßen und kleinen Plätzen, die sich seit dem Dreißigjährigen Krieg nicht verändert haben, wird das Schicksal und seine künftige Erzählung sich entspinnen

ein Blick auf den Plan genügt, um zu sehen, dass die Stadt eiförmig und wie dazu verheißen ist, die Keimschale für Ereignisse von außergewöhnlicher Kraft zu sein,

während die Chormitglieder teils durch die Schlossstraße, Katharinenstraße, Lotterstraße gehen, Vater nimmt den Weg durch die Arndtstraße, ich wäre Herderstraße abgebogen, denkt Fred,

all das ist Aufschub,

in Wahrheit eilen alle, vom Balkon der *E*rzählung aus gesehen, zum *U*nglaublichen-*E*reignis hin, und an jeder Straßenecke nimmt das Unglaubliche ab, das *E*reignis erwartet uns alle, jeder fällt gerade langsam trudelnd in den Abgrund der Zeit,

*Nun schien es sicher, dass Etwas kommen musste**

Dass dieses Etwas kommen würde, gekommen war, kommen musste,

gekommen sein musste, das scheint sicher, ja fast sicher und immer sicherer nicht weit entfernt vom Heger Tor Wall, je nachdem ob man in dieser

– und da könnte die *E*rzählung

– oder in jener Straße ist, und dem Choristen zufolge, dem die *E*rzählung ihre Aufmerksamkeit zuwendet, denn jeder fürchtet und zittert unterschiedlich.


Ich aber folge Fred, Fred folgt seinem Vater, der Vater sagt nichts, wozu denn? es ist wohlbekannt, dass

an der Straßenecke, um die Ecke zur Rolandstraße, das größte *U*nglaubliche-*E*reignis dieser Geschichte auf uns wartet

noch nicht bekannt ist allerdings, dass der sagenhafte Brand der *S*ynagoge ebenfalls das erste *U*nglaubliche-*E*reignis ist

– so wird es also begonnen haben – mit


der ganzen Folge von *U*nglaublichen-*E*reignissen, deren durchnummeriertes Inventar Fred später aufstellen wird


mit einer Metapher und welch riesigem, großartigem Umweg

kaum sind die beiden Armeen in die Schlacht geschickt, hier, wie die Troer und die Achäer, sehen sich noch nicht, lassen jedoch in der blutroten Schlucht der Nacht Schreie, Geräusche, Stillen gellen, und ähnlich wie sich unter den Schritten der einen dichtes Rauchgestöber erhebt, dem Nebel gleich, der den Dieben günstig ist, glaubt man etwas wie die Schreie der Kraniche zu hören, die im Fluge den Pygmäen den Tod verkünden und im Dunst der Purpurnacht das verhängnisvolle Massaker aufwirbeln, so gehen hier, wie den *Achäern* die *Trojaner*, die *Juden* den Nazis entgegen, die in der Rolandstraße auf sie warten,

– zu jener Stunde, ungefähr 2 Uhr 20 morgens zwischen Dienstag und Mittwoch, wie zwischen nicht wissen und schonwissen was man noch nicht weiß, während man so schnell und so langsam wie nur irgend möglich rennt, kommt Fred der Gedanke, dass diejenigen, die so gegensinnig durch die bisher so vertrauten Straßen von Osnabrück laufen, *Juden* sind, er sah welche an der Kreuzung zur Uhlandstraße, Leute, die er kennt,

auch für sie schellt um 2 Uhr morgens das Telefon. Mein Vater antwortet und weckt mich.

Es gäbe demnach eine Erzählung, die folgendermaßen beginnen würde: À 2 heures de la nuit, *um 2 Uhr nachts schellt das Telefon: ...*

*Fraulein Hurwitz ist am Apparat.*\* Mlle Hurwitz verkündet uns am Apparat, dass die *Synagoge* brennt. Das ist schwer zu glauben. Doch, doch. Denn die *Synagoge* grenzt an eines der Verwaltungsgebäude. Wenn die *Synagoge* brennt, dann brennt auch die Verwaltung.

– Ich ziehe rasch meinen Wintermantel an, sagt Fred, und folge meinem Vater in die sternklare kalte Novembernacht. Alles ist ruhig

Später werden diese Ruhe, diese Sterne wie ein Abschied von der Welt sein, die soeben gestorben ist und niemand ist darüber informiert.

(Ende des Umwegs.)


Das wahre Buch würde so beginnen:
*„Die Synagoge brennt."** La Synagogue brûle.
Das wäre das absolute Buch. Es wäre kurz und blitzhaft. Man schriebe es, solange sie brennt.

Es gäbe einen absoluten Maler: Er würde das absolute Leben malen.
Ein Blake vielleicht?

Manchmal hat ein schlichtes Fraulein Hurwitz einen genialen Einfall. Die Unermesslichkeit eines Schocks katapultiert sie an die Spitze der Menschheit.

Hier bemerkt die Theaterautorin, die in mir erwacht, wenn die Ganze Welt zur Bühne wird, die Replik von Fraulein Hurwitz: *Die Synagoge brennt.** Zwei Worte, eine Flamme, ein Fackelsatz. Es stimmt. Das sehr Große erhält seine Wolkenhöhe vom sehr Kleinen. Wir sind winzig, das Ende ist unendlich. Ich stelle mir die Stimme von Frl. Hurwitz vor. Meines Erachtens hört man sie fast nicht, als habe der heilige Schrecken sie verschlungen. Im Gegensatz zu Fred glaubt Frl. Hurwitz an Gott. Seit ihrer frühen Kindheit hat sie immer geglaubt, dass Er es ist, der in der Nische in der Mitte der Wand rechts vom

Lettner sitzt, in der unauslegbaren Gestalt einer Art ewiger, unerschütterlicher Miniaturskulptur, die sich nur ihr und den Schwestern Gittelsohn zeigt.

Die Vorstellung, dass Gott gerade im Tempel verprasselt, bringt sie um.

Man kann sich jedoch auch eine tränenreiche Version ausmalen.

Eine andere Schwierigkeit für die Autorin: das Wort Événement. Es ist genauso unabkömmlich wie das Wort Gott. Es kommt überall vor, unvorhersehbar, gewitternd, noch unbekannte Elemente entfesselnd, Gesandter vom Ende der Welt.

– Ohne dieses Wort könnte man nichts sagen, sage ich.

– Es ist das Wort, das nennt, ohne zu benennen, sagt meine Tochter.

– Es ist das Gott-Wort im Französischen, sage ich. Um dieses Wortes willen schreibe ich auf Französisch. In meinen anderen Sprachen, auf Englisch gibt es kein Événement, auch nicht auf Deutsch.

– Wer schreibt dieses Buch?
– Ist es ein Buch?

– Fred hat mir einen unmöglichen Brief geschickt, sagt meine Mutter. Ich glaube nicht, dass er sich an mich richtete. Zu lang. Brauchste nicht zu lesen, sagte Fred.

– Das ist ganz Fred, sagt Ève. Vielleicht ist es gar nicht er, der mir geschrieben hat, es ist nicht signiert. Ich habs nicht gelesen. Das ist doch alles passé. Für mich ist es ein Buch, das jemand nicht geschrieben hat. Nicht zu schreiben dachte. Dann gibt es da dieses Konvolut, man weiß nicht, was man damit tun soll, also schickt man es ab. Auch Herbert hat mir geschickt. Marga hat mir ihre Autobiografie geschickt, wen hätte das denn interessiert? Ich weiß nicht, wo sie ist. Ich misstraue der Intelligenzbestie, eine *grosse tête*, kennst du diesen Ausdruck im Französischen? Das is ja kein Brief.

Es ist ein Buch, das jemand nicht hätte schreiben können. Wenn es denn ein Buch ist. Der Autor hat keine Bedeutung. Was zählt, sind die *E*reignisse, les *É*vénements.

– Und dennoch möchte man fast sagen, dass jemand das Konvolut dieses Briefs bewohnt, ein Original, das über eine schmale Leiter in den Hintergrund des hohen vergilbten Gewölbes geschlüpft wäre. Er hat nichts getan, um die Neugier oder das Verlangen nach einer Lektüre zu wecken oder zu bestärken. Auf den ersten Blick hat das Ding überhaupt nichts Gastliches. Es hat was von einem Tresor. Ein Schreiben ohne Wirt. Unlesbar. Aber gut durchgezogen. Ohne Streichungen. Fred war ebenfalls sauber. Das Original wird vielleicht vom Kalkül der Aufrichtigkeit, der Selbstzurücknahme bewogen gewesen sein: Die in dieser Chronik eingespeicherten Fakten und Personen brauchen keinen Vermittler. Große Fakten, kleiner Fred, sagt meine Mutter.


– Und doch wird Fred existiert haben, wir haben ihn gekannt, er war der letzte Freund meiner Mutter, letztlich werden wir ihn nicht gekannt haben, sagt meine Tochter. Er ging unbemerkt mit und vorbei.

Man sagt auch, Homer habe nicht existiert.

– Hast du ihn gelesen? sagt mein Sohn. Ich stehe vor einer unentzifferbaren Mauer. Er hätte es auf Englisch schreiben können, dann hätte man es vielleicht gelesen.

– Solche Dinge muss man auf Deutsch schreiben, sagt der namen- und autorlose Text. Mit Feuer und Rauch, der in schwarzen Rollen aufsteigt. Ohne das Deutsche geschähen sie nicht, wären sie nicht geschehen, man muss sie nackt schreiben, ohne Erkaltung ohne Halt ohne Autor, das nackte Feuer, jedes Wort bei lebendigem Leibe verbrennend.

Wenn Homer nicht existiert hat, Beweis, es gibt keine Spur von Homer im Werk von Homer, wenn es einen Soldaten geben hat, der ganz besonders nicht zum breitschultrigen Helden geschnitzt war, klein, magere Beine mit den geschwollenen Kniescheiben der rachitischen Generation, die des ersten Weltkriegs, und dazu ein übertriebener Kopf, große Augen große Nase große Lippen, großer Adamsapfel und so weiter, der wäre doch nicht auf die Idee gekommen, sein Selbstporträt zu machen und es hinter Menelaos und Ajax zu schieben, nicht einmal in der hintersten Reihe auf dem Klassenfoto, wozu denn?

All diese brodelnden Gestalten, diese Einzelgänger, diese fleischgewordenen Diamanten brauchen selbstverständlich niemanden, um bis zur geschliffenen Spitze des Herzens zu leiden und die Umgebung und die Schlurfigkeit vor den Kopf zu stoßen, diese blutüberströmten Maler, die brauchen keinen Wortschleifer,

nehmen Sie den größten, Priamos, den freiesten, den vollkommen wild göttlich passionierten, Vater einer einzigen Liebe, wie er Hektor ganz und gar vergöttert, wie er seinen Körper und seinen Leichnam küsst und verschlingt, wie er seinem Haufen jämmerlicher Söhne kräftig in den Seelenhintern tritt, wie er Hekuba anherrscht, wie alle, wie er die flammende Inkarnation des Ausgenommen ist, des *Sauf,* jener, der unversehrt, aus Liebe, durch alle Formen von Tod und Hölle geht, er brauchte bloß einen ganz kleinen x-beinigen jungen Mann nach Art eines Fred um ihn zu fotografieren

aber ich lasse mich vom Geheimnis hinreißen

es handelt sich um das Paradox der *Schöpfung:* der *K*ünstler ist der, der nicht da ist und zuschaut, der bewundernde Unsichtbare, der Namenlose, der unter dem schwarzen Tuch verborgen das Licht auf die Geschöpfe rieseln lässt,


um jedoch zu Fred und seinem Vater Hermann zurückzukommen, so durcheilen sie die Nacht-die-nicht-weiß, dass sie mit zersplittertem Glas gepflastert ist, in einer ersten Etappe ist es der junge Katzmann, der treu seinem Vater folgt, wie gewohnt gehe ich mit dir, ich folge dir, bis zum Höhepunkt des Akts sagen Vater und Sohn kein Sterbenswort aber wegen des Ziels ihres Laufs sind sie sich bewusst, dass diese beiden da zwei *J*uden sind, die mehr oder weniger wie *J*uden laufen, das heißt nicht wie die Passanten, die ebenfalls eilen, sondern mit einem anderen Herzschlag, das ist in den Beinen zu sehen, in den Fäusten, im Atemholen, zu seiner Überraschung fühlt Fred, dass ihm die *S*ynagoge in der Lunge liegt, er fühlt, dass sein Vater sich verantwortlich also schuldig fühlt, sie laufen, um das Schauspiel ihrer Ohnmacht anzusehen, wer wird die *S*ynagoge retten? Fred betrachtet den Hut seines Vaters, aber in der zweiten Etappe

wird die zweite Etappe mit einer niederschmetternden Geschwindigkeit eintreffen, kaum werden sie die Straße überquert haben, eine halbe Stunde später oder drei Minuten, da ist es Fred, der schlagartig zur Hauptfigur wird, der Vater wird schlagartig an Höhe verlieren, es ist, als ob man ihm seinen Hut vom Kopf geschlagen habe, sekundenschnell ist er geschrumpft, gekürzt


Während ich ihnen folge, und dabei nehme ich die zum Wall hin stürzenden Straßen und dabei nehme ich mein Notizbuch zur Hand, habe ich das Gefühl, diesen anormalen Lauf bereits gelesen zu haben, geleselebt, zwischen den Vorhängen der Nacht, den Eindruck, ich läse, lebte alles was mir widerfährt weil es ihnen widerfährt,

während ich laufe hat das Buch bereits begonnen ich nehme es zur Kenntnis, verlieren wir nicht den Rhythmus, es ist Nacht und bereits der Folgetag der Schreckliche, derjenige, der später datiert und geschwollen aus der Reihe der anderen Nachbartage treten wird, um seinen Platz unter den ermordeten Erwählten der Geschichte einzunehmen

Katzmanns laufen außer Atem, sie wissen nicht, dass die Geschichte sie gerade filmt, Fred ist es zu warm, aber das kommt vom Gedanken an den Brand, es ist kalt, er hätte im Bett bleiben können, er hätte nicht gekonnt

schon als er an den letzten Abenden schlafen ging, fühlte er sich in virtueller Kommunikation mit allerhand Bekannten jeder im Bett hatte in dem Viertel das mehr oder weniger deutliche Gespür, dass *Etwas\**, das in der Luft flatterte, sehr bald über sie hereinbrechen würde, man sprach in der Apotheke davon etliche Leute spürten einen heftigen Schub im Rücken, niemand konnte leugnen, dass man nicht wusste, was sich anbahnte und man sehnte sein Eintreten herbei, damit es dem Erstickungsgefühl und der Empfindung einer Verstümmelung der Sinne ein Ende mache

so bis zur Ankunft an der Ecke Arndtstraße – Lotterstraße, und schon nicht weit von der Krahnstraße vorübereilend, Fred und sein Vater,
   die gelaufen waren wie unschuldige Angeklagte dem *U*rteilsspruch entgegeneilen, es drängt einen, die Last der Ungewissheit loszuwerden, die Zwischenzeit wird von so vielen unheilvollen Drohungen überrollt, man möchte endlich das Gesicht des Schicksals kennenlernen,
   und wie ein Polizist, den das Bedürfnis antreibt, die Beweise des Verbrechens zu finden,

– Sind sie am Nikolaiort vorbeigekommen? sage ich.
– Und du, fragt Fred meine Mutter, wo warst du in der Nacht vom 8. zum 9. November? Erinnerst du dich daran? Wer erinnert sich? Die Nacht, in der sich das Gedächtnis in seinen Angeln drehte, fast alle, die in Osnabrück leben, erinnern sich, wegen des Flammenturms, aber viele Leute im Land und auf dem Kontinent schliefen und diese Nacht glitt ins Loch der Tage wie gewohnt
– Ich war in der Klinik des Doktor Gasser sagt meine Mutter, ich brachte deinen Bruder zur Welt, der nicht hinauswollte, und ich habe mich mit deinem Vater gezankt, der anstatt seine ärztliche Autorität auszuüben mit seinem Kollegen plauderte während ich nichts machen konnte mit deinem Bruder, es hat bis zum Morgen gedauert, ich werde diese Nacht nie vergessen
   und an diesem Morgen oder gegen Mittag röchelte die *S*ynagoge nur noch schwach es blieb nur das verkohlte,

stöhnende Skelett, in New Bedford sah ich einmal ein Walfischskelett über unseren Köpfen hängen, geputzt, geweißt und noch immer lebendig, Tränen schwitzend, ich denke an diese arme *Synagoge*

ich war nicht da, ich war in Oran mit deinem Bruder, der gerade kam, Omi war auch mit ihrem Bruder, in Osnabrück, Onkel André hatte das ganze Haus am Nikolaiort verschlossen und verriegelt, was er seit 1933 jeden Abend machte, um zu versuchen, nicht zu sehen, wie der Großnazi Kolkmeyer ihm zuschaute, ohne ihn je aus den Augen zu verlieren seit er der Herr und Meister über den Tod von Osnabrück geworden war.

Die Jonas haben den Nikolaiort nicht verlassen, keine Frage hinzugehen und zuzusehen, wie die *Synagoge* ausbrennt, dabei bin ich der Vorsitzende des Gemeinderats, denkt André, wir rühren uns nicht, sagt Else, das heißt schnauzt Else, sagt meine Mutter, jetzt kann ich es einmal sagen, all das ist ja längst Geschichte

in meiner Familie sprach man als ich mit 19 Jahren fortging nicht von den Leuten, man kritisierte sie nicht sehr, jetzt kann ich ein klein bisschen

André war ein feiner Kerl, er war der Dichter, aber es war kein Mann, schon dass er eine Frau heiratete, die er nicht ertragen konnte eine große Berliner Schnauze, die mit Literatur prahlte und Teller bemalte, wir konnten sie nicht verknusen, meine Mutter lebte bei ihrem Bruder; den Nikolaiort hat also niemand verlassen

Ich war sehr diskret, ich wagte keine Fragen zu stellen aber manche Dinge weiß man dann eben doch

Nussbaums haben das Haus auch nicht verlassen. Was machten die beiden überhaupt in jener Woche in Osnabrück, Herr Philipp Nussbaum und seine Frau? Sie hätten doch in Köln sein müssen, wo sie niemals hätten sein dürfen, dachte Felix. Der Nussbaum-Sohn. Er war in Brüssel, in Sicherheit dachte er, oder vielleicht nicht.

für den Augenblick hält Fred die Tränen zurück


Wenn der Brand ein Unfall ist, dann wird das Leben ab Freitag weiterstolpern und -humpeln unter dem Zeitlauf, der
 sie war gar nicht so alt die Ewige die zum Himmel aufsteigt
 wenn der Brand ein Verbrechen ist, dann werden die Befürchtungen in Entsetzen explodieren, die Knochen der Leute werden Feuer fangen,
 Fred ist nie ein Pfeiler der *Synagoge* gewesen, aber der Tod der *Synagoge* berührt ihn, es ist als sähe er einen Elefanten bei lebendigem Leibe verbrennen schlimmer einen Wal ohne Meer, ohne Wasser, aufrecht, riesig und bald darauf nichts, und so weint er jetzt obwohl sein Vater seit zehn Minuten in Tränen dasteht obwohl man nicht vor den Nachbarn weinen soll, vor den *Zivilisten*[4], vor


– Ich bekomme in diesem Albtraum keine Luft mehr, sagt Fred ohne Hilfe der Wörter. Es ist die Verwandlung von *Etwas** in eine Fackel und von der Fackel in einen weltweiten Scheiterhaufen, was ihm das Erstickungsgefühl bereitet. Gleich wird es gar keine Luft mehr geben, die Welt löst sich in Rauch auf, *G*ott gibt es nicht

Jetzt ist es soweit, wie sollte man das Unglaubliche jetzt nicht glauben, in Wahrheit zweifelt man nicht am Unglaublichen.

Das vergilbte alte Blatt Papier windet sich, es trägt Spuren, die seine Vorstellungskraft übersteigen,

Sahst du schon einmal ein Gebirge in Flammen, einen Ozean aus Rauch, einen Aschenstrom, sahst du siebentausend Blutschwälle aus siebentausend Inkas sprudeln, die in weniger als einer Stunde abgeschlachtet wurden, was nach der Ilias von Troja bleibt, nicht einmal die Kraft eine Seite zu schreiben

Auch zwischen den Zeilen gibt es keine Luft, den vierundvierzig Zeilen auf jeder Seite dieses Dokuments ohne


Vielleicht ist es der außergewöhnliche Luftmangel, der meine Aufmerksamkeit gefesselt hat, als ich diese Papierstele bemerkte, die keinem bekannten Dokument ähnelt

Ein Stapel altes Papier, sowas werfe ich gewöhnlich weg, aber hier hat es mich gedauert, und gleich danach habe ich geträumt, mein toter Vater sei lebendig. Meine tote Großmutter ruft mich an, sie hat all ihre Autorität, sie sagt mir, dass Papa immer noch irgendwo in der Stadt ist, sein Körper in der Zeit stillgestellt, warum nicht hingehen, bei ihm bleiben, selbst wenn er nicht bei Bewusstsein ist, er liegt ohne Tod ohne Bewegung da wie ein Buch, das darauf wartet, gelesen zu werden, das alle Zeit hat, ich denke nur noch daran.

es ist nicht einfach, diesen Block, diese Wand, diese Gattung Text zu entziffern, wie viel Mut braucht es dazu, und Sauerstoff. *Keine Leere!* Der Autor wollte nicht die geringste Redesekunde verlieren, nie gäbe es auf dieser Welt Papier genug, um die ganze Wahrheit zu beschreiben, es war zu sehen, was der Autor tun wollte, sagen wir Fred: ein Memoir, das nicht einen einzigen Augenblick vernachlässigen sollte, nicht einen Blutstropfen, nicht ein geschliffenes Komma,

denn es war die *E*inzigartige Zeit in der *G*eschichte, manche haben alles vergessen, manche erinnern sich an jede Minute des Einzigartigen, niemand weiß genau, was es heißt zu vergessen, was die Erinnernden vergessen, was die Vergessenden nicht vergessen, wie lange es dauert, das Vergessen, das Erinnern,

erinnert sich der Autor ein für alle Mal, um vergessen zu können,

Wer ist auf die Idee gekommen, im Jahr 1906 endlich und für immer die *S*ynagoge ans *S*tandesamt geklebt erbauen zu lassen?

Aber wann wird der Tag kommen, an dem Fred Zeit haben wird, seinem Vater diese Frage zu stellen, wird er kommen?

Und hier kommt nun der letzte Tag dieses Für-Immer, das zweiunddreißig Jahre gedauert haben wird. Sage ich mir.

Herr Katzmann sagt nichts, Vater mit Sohn sie laufen, durch die Katharinenstraße, der Sohn glaubt nicht, dass es sich um Brandstiftung handelt, der Nicht-Glaube widersteht noch an die hundert Meter weit, doch schon wird er seinem Gegenteil zur Beute, der Vater glaubt überhaupt nichts, keine Zeit mehr zu glauben oder nicht, die Asche ist bereits überall auf seinem Herzen auf seinen Lungen, er denkt nicht, er wägt nicht, er wiegt, stürzt mit all seinem Gewicht der verheißenen Verzweiflung entgegen, als Hauptverantwortlicher der Synagoge hat er es seltsam eilig, seinem eigenen Ende ins Antlitz zu sehen und nicht nur an Frl. Hurwitz' Verdikt zu leiden. Über dem alten Schulgebäude ist der Himmel unbestreitbar feuerrot, dieses brodelnde Blutrot, das so schmerzlich zu sehen ist. Und auch die Rauchwolken, die zum Himmel hochklettern, all diese Farben, die zur Hölle heulen und das Verbrechen verkünden. Natürlich beginnt man nach Leibeskräften zu laufen. Als fürchte man, den letzten Augenblick zu verpassen. Den unseren. Wir sind es, die da verbrennen.

Zwischen den rasch vorüberziehenden Höfen und Gärten hindurch sieht man von fern, als stünde man direkt davor, das *Innere* der *Synagoge* von den Flammen *verschlungen*, sieht es braten wie einen großen geopferten Ochsen, und die Fenster, sie sind erleuchtet wie zu einem sagenhaften Fest, man muss sagen die Hölle ist schön wie in einem Traum und es gibt kein „wie" in Wahrheit, alle Wie dieses Satzes sind anachronistische Schwächen, weil man nicht das Herz hat zu sehen was man sieht, Hunderte nackter Hoffungen auf dem Grill wie auf den Scheiterhaufen geworfene Kinder, *Komm mein Kind, komm geh mit mir*\*

Da weint Fred.

Das schreibt er aber nicht. Ich schreibe es für ihn, so wie ich ihn sehe. In dem Moment, als er in den Rauchrollen und den feuerroten Wolken visionsartig das Innere eines gefolterten Menschentiers sieht, unter den Augen zahlreicher Zuschauer, die sich nicht rühren und die Gewaltsamkeiten verfolgen als ob der Horrorfilm auf die Straße gegangen wäre, Nachbarn im Schlafanzug, Mitglieder der SA und eine Reihe von Zivilisten

fließen auf einmal die Tränen

dieser Moment, in dem er urplötzlich dieses sonderbare Bild hat: Über der in den Himmel aufsteigenden „Synagoge" reitet oben ein nacktes Neugeborenes auf einem Rauchwirbel, aus dem ein Schwall dieser weißlichen Teilchen stiebt, die ihm die Augen und die Brille zustäuben.

Davon spricht er mit niemandem, und später vergisst er es fast. In den 1980er Jahren wird er, als er eines Nachts *Macbeth* im Fernsehen sieht, diesem seltsamen Eindruck wiederbegegnen, mit eigenen Augen die Fleischwerdung des ohnmächtigen *Jammers* gesehen zu haben. 1938 hatte er noch nie Shakespeare gelesen. Das nackte Baby, das Fred unter dem Einschlag des Gefühls auf der roten Feuersbrunst über der Rolandstraße reiten „sieht", ist also eine Erscheinung, wie Experten in seelischen Traumata sie kennen. Die Feuerwehrleute hatten eine Leiter angestellt und einen Löschschlauch geholt, doch es fließt kein Tropfen Wasser, und hätte ein Baby in den Flammen gelegen, kein Wasser wäre hervorgesprudelt. Da wischt sich Fred die Wangen ab, er weint nicht, die Tränen rinnen von ganz allein, ich bin es, die das schreibt

die Nachbarn im Schlafanzug ängstigen sich

die Funktion der Zivilisten ist, sie zu beruhigen: die Feuerwehrleute sind dazu da, die Güter der Bürger zu beschützen, sie haben Befehl, die Schule, die Verwaltung und die schönen Häuser der Rolandstraße zu wässern, deren Eigentümer im Schlafanzug draußen stehen wenn nur der Brand schnell zu Ende ist ehe er auf ihr schönes Haus überspringt, denkt die Dame aus der 3, könnte man nicht etwas tun um es zu *beschleunigen\**, fragt sie den Feuerwehrhauptmann, doch in dem großen Prasseln zerweht das Wort „beschleunigen" in einen Rauchschleier, man hätte in dieser Straße kein Feuer legen dürfen sagt die 3 während die 5 sagt was alle denken man hätte 1904 gar nicht erst die Erlaubnis erteilen dürfen

Vertrauen wir den Feuerwehrleuten, sagt die 3, sie hat sich schon wieder gefasst, es ist eine Aristokratin, eine der ältesten Fürstenfamilien Hannovers.

Als Katzmanns in der Rolandstraße ankommen, sehen sie. Die Feuerwehrleute haben eine Leiter angestellt und einen Schlauch nach oben geschraubt, aber kein Tropfen Wasser. Ein anderer Schlauch und eine andere Leiter verlaufen über die Treppe der benachbarten Schule, um schäumend auf dem Dach der Gebäude aufzutauchen, die nicht zur Rasse gehören.

Die Zivilisten lassen Katzmanns nicht aus den Augen. Kaum wechselt Fred auf den gegenüberliegenden Bürgersteig, wechselt ein Zivilist\* auf den gegenüberliegenden Bürgersteig. Katzmann und der Zivilist\* betrachten das Feuer. Weder der eine noch der andere sagen ein Wort. Fred drückt sich hinter die Ecke eines Schweigens und denkt nach.

Gittelsohns, sehr aufgeregte Frauen, wollen den Flammen einige heilige Gegenstände entreißen,

das wird sie Kopf und Kragen kosten, denkt der Vater.

Die Zivilisten lassen sie nicht in den Flammenwald. Ihre Aufgabe ist, das völlige Verbrennen der heiligen Gegenstände sicherzustellen.

Der zweite Akt wird ungefähr mit dem Augenblick der Zivilisten begonnen haben, es geht so schnell, von einer Sekunde zur anderen werden Vater und Sohn ihnen vom „Befehlshaber" der Straße „anvertraut", das Wort *Anvertraut\** wird allen Ernstes verwendet, Fred findet es allerdings sonderbar, Bürgerentführern anvertraut zu werden, und passt gut auf, dass den *Rassegenossen\** nichts passiert, aber für Fred ist es das erste Mal, dass er Rassegenosse genannt wird, sie werden von den Beamten mit dem Stock getrieben, nun sind sie Vieh, los! los! vorwärts! mit gesenktem Kopf folgen die Rinder den Ochsen, ohne zu wissen, wohin es in der Maskerade geht, während anderes Vieh zu ihnen stößt und für die ist es ganz anders, sie werden herumgestoßen und roh behandelt wie Gefangene.

Aber keiner von den Anvertrauten oder den Gefangenen sagt ein Wort. Jeder der Verwandelten fürchtet, aus seiner neuen Kehle man weiß nicht welches Knurren oder Blöken hervorbrechen zu hören. Nun sind wir im Schloss der Gestapo. Wie fern die Rolandstraße ist, wir liefen im Laufschritt hin, und

Genau hier schlägt auf einmal unten auf Seite 2 das unvorhersehbare Unglück ein. Fred wird zur Hauptfigur, der Vater verliert an Höhe, an Würde, er altert und wäre Platz für einen Kommentar, könnte man sagen, dass jeder seiner armseligen Sätze, die er an die *Beamten\** der Gestapo richtet, falsch klingt, als glaubte der Schauspieler, der leise seinen Text spricht, selbst nicht daran aber dies hier ist eine *Erzählung, die sich vor jeder Interpretation hütet, Fakten, allein die Fakten, die Wörter die Wörter, hier also

– Als *Synagogenvorsteher** halte ich es für meine Pflicht, gegenüber dem kommandierenden Kommissar zu erwähnen, dass ich Anzeige über den Brand der Synagoge und die von der Feuerwehr verursachten Schäden zu erstatten habe, er sagt diesen Satz bis zum letzten Wort, ohne Hut, ohne Kragen, ohne Mantel,

– Halt dein Lügenmaul, sagt die *A*ntwort.

Ohne Kragen werden die schlafübernächtigten Gesichter auf einmal zu Lügnervisagen, sehen die verhafteten Juden aus wie Verbrecher, notiert Fred

Er kommt auf den Gedanken, dass selbst sein Vater eine Gaunervisage haben kann und also muss auch Fred fies aussehen, denn er ähnelt seinem Vater sehr. Heilbrunns Gesicht ist blutverschmiert. In Trepps Augen lodert die Angst. Papa verliert seine Würde Satz für Satz, Fred sagt nichts.

Fred ist besessen von *E*twas-in-der-Luft, ein tonloser Donner, eine *D*rohung, der Schall gespenstischer Posaunen

 musst so tun als dächte man nichts, sagt die Vorsicht, alles ist wie gewohnt, denk nichts,

der große dürre Typ, dem eine unvorstellbare Brutalität in den Zügen steht, hat das Oberkommando und herrscht jeden Neuankömmling an, den Kragenschoner abzunehmen wobei er wie ein Raubtier faucht, man hat nichts bemerkt, man denkt nichts, das Wort „gib" ist auch für Schläge und Spucke, mehrere Rasseankömmlinge bluteten aus Nase und Mund infolge dieser Gaben

ist der Raum voller Köpfe mit verdrehten Augen, wie ist das zu erklären, die Leute der Stadt haben Maskenköpfe, der SS-Chef hat einen Kopf, der absichtlich so gemacht ist, wenn er brüllt, hat er das passende Organ er bellt natürlich. Juden! Klappe halten! etwas Hündisches macht sich in dem Raum breit, unter dem Schlag der Bösartigkeit fürchten alle so entsetzlich auszusehen wie der andere, immer geschlagener, es stinkt nach der Säure der Scham und derselbe Schluchzer steigt ihnen in die Kehle, alle in Schluchuden verwandelt, mitsamt Haar und Stimme und Aussehen, aber in ihnen beharrt ihre Hoffnung von früher gefangen in ihrer Gefangenschaft

Als Fred, sehr lange Zeit später als Doktor Katzmann zurückgekehrt, diesen Nachttag mit traurigem Schicksal erzählen will, wird er, was immer sein Los und die absolute Notwendigkeit sein mögen, kein einziges Wort mehr sprechen können, er sagt niemandem irgendetwas, nicht einmal Ève, und selbst am Tag, an dem sie an dem Keller, das heißt an dem schönen Schloss vorbeigingen

Und die Namen der Leute, es ist unglaublich, was den Namen widerfährt,
    schlagartig enthalten sie eine mysteriöse Kraft, all diese üblichen, gewohnten Namen, Falk, Cantor, Stein erweisen sich auf einmal als geheimes Gold, als Zauberformel, jeder ist mit einem seelischen Widerhall aufgeladen, auf einmal sind sie schicksalhaft, van Pels, Engers, Meyer, Stern, es widersteht der Zertrümmerung, Trompeten, Verkündigungen, Explosionen, Namen von Schicksalen, Gossels, Nussbaum, die Namen sind unsterblich,
    die Namen und die Leute halten sich fest aneinander geklammert
    die Leute krallen sich an die Namen und dies mit gutem Grund, die Läden die Gebäude die Berufe sind ablösbar, weggeworfen, wie die Kragenschoner, im Augenblick

widerstehen die Namen, Edelsteine, Überlebensmoleküle, Flatauer sitzt jetzt auf einem Hocker in der Ecke, Flatauer kann nicht mehr stehen,

es ist Flatauer, dem eine sonderbare Fatalität zuweist, fortan der Büttel der *H*ölle zu sein,

ein Kellerraum von ungefähr fünf Quadratmetern enthält zunächst zwölf *J*uden und füllt sich dann bis zwanzig, etwas Unglaubliches

etwas Unglaubliches trotz Schlafmangel denkt niemand ans Schlafen, und niemand denkt, dass die Lage außergewöhnlich ernst ist, man denkt noch immer nicht, notiert Fred.


Der unerwartete Zug dieser Nacht, wird Fred sagen, als er sich erklären wollen wird: Es gibt keine gewohnte Zeit mehr, weder Vergangenheit noch Zukunft, alle Dauer der Zeit ist in dem engen Keller angehäuft, in dem die namenlosen und über die Maßen kurzen Stunden endlos sind, denn man hat Gehirn und Spezies gewechselt

In dieser Masse träger Zeit schert *Etwas\** plötzlich aus auf der großen Straße der *E*reignisse, im Sekundenblitz ist man umgeschleudert, man sieht das Ende direkt vor einem aufglänzen, ein sonderbares Gefühl Sackgasse Schnitt, eine Blitzneugier, Ende des Wegs nach diesem Meter gibt es keinen mehr

ein wenig Lichtglanz von Finsternis umringt, Verblüffung, sich selbst nicht mehr Adieu sagen zu können na sowas

nicht einmal Zeit, die Angst zu haben, diese vertraute Geladene, man hatte nie an den *U*nfall glauben wollen, alle hier lebten auf der Hypothese der Unsterblichkeit, und da widerfährt uns die Sache jedem von uns höchstpersönlich, man stirbt


da spricht Herr Flatauer, der auf seinem Hocker in der Ecke sitzt, diese Willkommensworte:
*Nun sind wir hier\**
Es war an ihm, diese Worte zu sprechen, als natürlicher Verantwortlicher dieses Kellers, in dem jedermann, vor diesen Worten, noch immer nicht die Nachahmung einer umgekehrten Synagoge erkannt hatte, anstatt sich zum Himmel zu erheben, sich unter die Erde eingraben.


Was ist das für ein Hocker? fragt meine Tochter.
Ein Hocker aus unbehandeltem Holz. Da gibt es allerhand zu denken. Entweder ist es eine Tragödie oder es ist eine Komödie, aber daran denkt niemand und niemand macht den Hocker streitig, das ist die einzige Freiheit in diesem Haufen von Körpern, die fühlen, wie sie zu Fleisch werden. Was nach dem Schiffbruch von der Zivilisation übrig bleibt. Der Hocker des König Lear, auf dem sitzt Flatauer, der Älteste.
Über Trepps Gesicht flattert ein Fantom. Fred übersetzt: „Hier sind wir nun im Grab."
Armes Fantom, gestern noch der Herr Lehrer Trepp.
Seit sie eingeschlossen unter der Erde saßen
wussten die Vergrabenen nicht mehr, wo sie waren, wer sie waren, sie erlitten es, Ameisen, Schweine, Erniedrigte zu sein, und sie litten an diesem Leiden
Daher haben alle im Keller dasselbe Gefühl aus Angst und Erleichterung verspürt, als sie in dem Satz des Herrn

Flatauer eine Art Prophezeiung erkannten, unheilvoll aber beruhigend, für jede der Personen, die in diesem Wir ein vertrautes Dach wiederfand

*Nun sind wir hier\**, diesen Satz hatte man bereits etliche Male gehört, und jedes Mal hatte jeder ihn wie eine streng persönliche Botschaft empfangen, verheißungsvoll, unbegreiflich und doch beruhigend wie ein Segen,

aber die anderen Male, als man ihn in der *Synagoge* gehört hatte, begann er mit *Heute\** und dieses *H*eute kündigte das Kommen von *M*orgen an. Und auf einmal gibt es anstelle von *Heute Nun\**, und das ist nun und dieses nun ist unendlich traurig und dehnbar


Ich weiß nicht warum dieser Dreigroschensatz mich so bewegt, wohl wegen seiner Armut, ein Entkleideter, um die unendliche Entkleidung zu sagen, ich stelle mir einen Hiob vor, dem die Worte ausgegangen sind, am Ende der Klage, es gibt keine Klage, Flatauer stellt fest, auch seine Stimme ist leer, tonlos es gibt nichts anderes zu sagen, alles Denken der Welt erbettelt sich in Demut,

und doch gibt es in der Entblößung ein Mildes und zwar dieses *Wir*, diese Weise sich an die anderen zu wenden, das *Wir* von ihnen zu erbitten und ihnen anzubieten, das winzige Parlament des Kellers anzurufen, diese Seinsfitzel zu umarmen, im Namen aller hier zu sagen hier sind wir noch lebendig, hier ist's aus mit uns. Hier sind wir, all unser Sein ist hier, *Hier\** ist unser Land.


Und dieses *Hier\** lässt den Keller erbeben. In dem Moment, wo Flatauer dem Kellerkollektiv sagt, wo sie sind, weiß man eigentlich nicht wo man ist im *K*eller also wird die Epoche der *B*estürzung begonnen haben, vom 9. November 1938 an haben sich hunderttausende Personen gefragt wo sind wir hier wo gehen wir hin einander anblickend und sich sagend wir auch wir wissen nicht wohin wir gehen wo wir sind die Postkarten fielen aus Zügen, die wie rollende Keller waren, die Leute, die von diesem Geistesschmerz befallen waren, sahen aus wie jene Kranken, die so alt sind, dass sie sich im Flur zu ihrem Zimmer verloren fühlen, deportiert, fortgetragen mitten im Haus von dem fatalen Zug

*Hier\**. *Hier* ist unübersetzbar. Sinister. Hier unter der Erde
 wenn man keinen einzigen *J*udenkörper mehr in den Haufen stopfen kann, stopft man noch drei dazu, das Ganze neigt sich vom Haufen zum Teig,
 – Das wird nicht lang dauern, sagt Fred ohne ein Wort.
 – Nun werden wir hier enden, sagt die Totenglocke.
 Die Alten und die Jungen nehmen dieses *Nun\** nicht auf dieselbe Weise wahr.


Der Satz dreht sich um sich selbst
 – Er könnte von Kafka sein, sagt mein Sohn, aber ich bin mir nicht sicher, dass Flatauer sich dessen bewusst war. Du siehst ja die Szene: Hier? Es gibt nur noch *H*ier. Vorbei mit da, dort, da oben! Eine absolute Verengung der Welt. Aufs Gelass reduziert. *C'est le réduit*.
 Ein solcher Satz ist sowas von evident. Sein Wert liegt allein in seiner Auslegung.

Bloß keine Auslegung, im Keller wie im November 1938 gibt es nur Fakten und Seelenqualen, und von dieser gefolterten Materie gibt es eine solche Menge, dass das Erzählen sich an die Reihenfolge klammern muss, um nicht zu ertrinken, fühlt Fred, die Schwierigkeit ist, dass 1941 die Tatsachengrube noch schwelt, darin liegen ihr Wert und die Herausforderung für den Erzähler. Chirurgenkälte ist nötig. Fred ist Kinderorthopäde, er ist sehr sorgfältig, auch nicht den kleinsten Faden verfehlen. Und jedem seinen eigenen Schmerz wiedergeben

– Nicht einfach, der Reduktion treu zu bleiben, einerseits muss der Bericht sich auf das Maximum reduzieren, andererseits gibt es einen Stapel von Elementen, die von der Reduktion preisgegeben werden, welche immerfort zunimmt bis sie ein riesiges Fantomuniversum bildet. Jedem seine Tragödie. Zum Beispiel die von Trepp, als Lehrer peinigt ihn der Scheiterhaufen, auf dem die Schule und Goethe einstürzen, jedes Gedicht schmerzt ihn sowas berichtet man ja nicht


Zum Beispiel Papa, das heißt Hermann Katzmann, der etwas wie eine kleine Wunde auf der Höhe des Herzens hat da wo immer die weiße Brusttasche war, beziehungsweise an den Nationalfeiertagen das Eiserne Kreuz. *Nun hier*\* spürt er dessen Abwesenheit in seiner Brust. Aber es ist nichts.

Jedem seine Tragödie, jeder für sich, und in dem Keller, in dem sich noch zwei weitere zermatschte *Juden* stapeln, gibt es nun zwanzig Tragödien man wird nie genügend Worte, Papier, Zeit haben, wer wird je in einem fernen Später, aber es wird niemals jemanden geben,

wie viele gut ausgebildete Dantes bräuchte es, Tausende von Dantes – und schon steht ihnen das *Schweigen* bis zum Hals – geschwind und effizient, mit einer Gabe für Anatomie und einem außerordentlichen Gedächtnis, und wie viele tausend und abertausend Arztsöhne, die den Träumen ihrer Väter posthum Ehre erweisen möchten,

ein Doktorarbeitsthema? der *T*raum des jüdischen *K*aufmanns zu Beginn des 20. Jahrhunderts: Der Sohn wird Arzt, so Freuds Antwort an einen seiner jungen österreichischen Schüler, Brief vom Juli 1938

Und gleich danach hat es dieses Blutbad an Träumen gegeben.

*Nun\**

Nehmen wir Hermann Katzmann, er fühlt sich von Flatauers Worten besonders betroffen, ja sogar gemeint. Gerade er, ein Gemeindemitglied, das die meisten der dicken Kaufleute der Stadt mit Kopf und Schultern überragt, so imposant wie oder noch imposanter als ein Falk, das *Sehr Große Kaufhaus*, und dem der Vater Katzmann als Hauptvertreter der Gemeinde, eine Funktion die er mit Andreas Jonas teilt, ungefähr zu gleichen Teilen allerdings, wie allen ehrbaren und einflussreichen Gemeindemitgliedern noch im letzten Frühjahr sein Rundschreiben geschickt hat, es trug den Titel *Alarm!*

dieses Mal ist er es, Hermann, der Alarm geschlagen hat, anstelle vom Rabbi Artur Baruth, auf den man nicht zählen kann, wer untergeht, braucht keine Umsicht, er muss brüllen, räumt der Rabbi ein, das überlasse ich Ihnen

– Der Besuch unseres Tempels hat seit Jahren stetig abgenommen, wir erreichen kaum noch die zehn zum Minjan für den Sabbatgottesdienst, während sich in allen Nachbargemeinden die Leute wieder aufgerafft haben und die Zahlen steigen, Schande über Osnabrück, das von Jahr zu Jahr seine Gläubigen verliert. Mich schmerzt es um unsere Stadt. Aus tiefster Sorge rufe ich zu euch, am letzten Sabbat waren wir weniger als zehn, ich schreie: Kehrt zurück! und hier zieht Hermann Katzmann es vor, lieber zu flehen als zu schmähen, nicht alles zu sagen was er von seinen Mitbürgern in diesen dürftigen Zeiten denkt

und nach Diskussion mit Baruth und Jonas hatte man in Majuskeln die letzte, feierliche Warnung getippt: *Es geht um Sein oder Nichtsein der Gemeinde\**,

Eine solch schmetternde Ansprache kann man nur ein einziges Mal halten, Kopf oder Zahl, bei Kopf steht der Tod, bei Zahl sind es beim nächsten Gottesdienst entweder mehr als zehn Gläubige oder weniger als zehn Gläubige.

Hermanns philosophisch martialischem Ton höre ich an, dass er sich von einem aus der Antike rührenden Enthusiasmus erhoben fühlte, ob er es nun weiß oder vergisst, er steht wie alle Hermänner seit der Grundschule unter dem verherrlichenden Einfluss des großen Arminius, das ist genetisch, man hat sein Gespenst,

der Cherusker hat gegen die römischen Legionen alles aufs Spiel gesetzt und allen Widernissen zum Trotz hat man gewonnen

seit Jahrhunderten schon bedient sich alle Welt bei Arminius seit dem Jahr 9 seit Luther seit Kleist, und jetzt Hermann Katzmann, jedes Mal wenn ein Mensch aufsteht, um zu widerstehen, ruft er Arminius um Hilfe an, wie Odysseus auf Athena zählen kann und wie der sehr hilfreiche Hermes dem Priamos dem gottgleichen, der in Wirklichkeit vom Alter zernagt ist, die Hilfe eines segensreichen Geleiters gewährt, von wachem Geist und klugem Rat und von imposanter Größe, umso mehr nun, wo alle Einwohner von Osnabrück wissen, dass die stolze Arminiusschlacht hier stattgefunden hat, und niemand kann die Mächte des gegebenen Namens bestreiten, ein Hermann ist immer mehr oder weniger ein Hermann selbst wenn er Jude und kein Cherusker ist, von den Höhen der Stadt sieht man dennoch sehr gut den Teutoburger Wald, das ist eine Realität,

aus allen Kräften versuchend mit der Einwilligung von Andreas Jonas die Glaubensgenossen zurückzuhalten und froh, seinen vorbildlichen Sohn zurückgeholt zu haben, einen Arzt, vorbildlich, der Beweis, dass man Jude sein kann, und bis hin zum Arzt, ohne nichtzusein, indem man sich von einer Universität zur nächsten hangelt, als Nichtarier werden Sie studieren können, und als Nichtarier werden Sie niemals die Erlaubnis erhalten können, in Deutschland zu praktizieren, das hindert einen nicht daran zu versuchen, sich in Neapel einzuschreiben und dort für nichts und wider nichts sechs Monate zu verlieren das hindert nicht daran, nach Münster zurückzukehren das Physikum* zu bestehen und von da nach Hamburg von da nach Basel wo es erlaubt ist, den Titel M. D. zu erlangen, zwei Buchstaben, die man dem Familiennamen hinzufügen kann, F. S. K.-M. D. eine ehrende und lächerliche Verlängerung, und von da nach Osnabrück, um zum Zusammenzählen der zehn für den Gottesdienst beizutragen, beglückwünscht sich Hermann, als Jude M. D., während er von seinem väterlichen Stolz die Vorstellung fernhält, dass sein Sohn als Nichtarier damit beschäftigt ist, seine Emigration in die USA vorzubereiten wie all diese jungen Leute die

*Nun sind wir hier\**, sagt Flatauer, laut Hermann Katzmann zufolge bedeutet das, nun sind wir hier mehr als zehn, du kannst zufrieden sein Hermann, dieses Mal gibt es genug Religionsmitglieder, ist das eine Anspielung? Nun öffnet sich die Tür, noch vier, man möchte gern, dass keine mehr kommen, ist das eine Einflüsterung? aber vergebens wartet Hermann auf eine Antwort, Flatauer hat den Blick gesenkt, die Wangen fahl, die Stimme so fahl, dass man den Tonfall nicht deuten kann, die Tür geht auf,

*Nun\**, denkt Fred, keine *Synagoge* mehr hier, ich werde den Brief schreiben
 *Liebster Vater\**
 ich träume von den USA alle jungen Leute müssen, um endlich in ihr eigenes Schicksal geboren zu werden, absolut, um nicht mehr verpflichtet zu sein, zwischen dem Sein und dem Nichtsein der Familie und also der *Synagoge* zu wählen, erwachen und wie mit Messers Schneide entscheiden, *ein seelisches Messer\** natürlich

*Liebster Vater\**,
 ich bin nur nach Osnabrück zurückgekommen, um fortzugehen

dem Vater schreibt man stets den Brief, den man nicht abschickt


Warum gingen sie nicht mehr zur *Synagoge*, die Leute von Osnabrück, die *Gemeinder\**? frage ich mich. Es ist sonderbar, die Rolandstraße verlassen zu sehen, wie in einem bösen Traum, sie war gefeiert bewundert, eine elegante, eine gelehrte, einst drängte sich da eine Menge, und auf einmal ist es vorbei, ich sehe, wie drei junge Personen, die ich gut kenne, sagt die *Synagoge*, sich laut

lachend von meiner Tür entfernen, mich überkommt ein solcher Zorn! und da brülle ich: Verpisst euch doch!
– Weil sie Angst hatten? sagt meine Tochter.
– Wir zögern. Ist die *S*ynagoge nur in der Rolandstraße? Warum nicht in der Krahnstraße?
– Sind es weniger?
– Aber es bleiben noch allerhand, sage ich, ein Viertel, mehr oder weniger
Haben Angst, aufgespürt zu werden?
Haben nicht mehr die Kraft hinauszugehen?
Nicht einmal zehn?
Ohne Antwort.

Schlagartig erwachen, Ende 38, Hermann und Siegfried in einem Gewölbe der Zeit, entweder waren sie darauf gefasst oder sie waren nicht darauf gefasst, Fred zufolge waren sie seit der Ermordung Vom Raths darauf gefasst ohne Überzeugung mit einer idiotischen Hoffnung, man sieht die schwarzen Wolken oben über dem Himmel hocken wie Riesen, die gerade ein Gewitter brauen, sie wachsen tagelang, stoßen bedrohliche Blitze aus, die Sintflut ballt sich zusammen, es donnert, und dann zieht sich das Gewitter mitunter zurück, ich komme ein andermal wieder, glaubt man es vorüber, rast das Gewitter los.

Hermann und Siegfried teilen den angeborenen Zug einer geheimen Neigung zum Kampf, zum Heldentum, bisher wissen sie nichts davon, es ist Hermanns Vater, Sigismund, der angefangen hat, man weiß nicht, was man tut.

Weißt du, dass Fred nicht Freds Name war? sage ich zu meiner Tochter. Als er geboren wurde, in der Zeit als man Deutscher war, deutscher Bürger, deutscher Soldat, deutscher Gelehrter, da hieß man natürlich Siegfried, da glaubte man zu sein.

Ich denke an all die Leute aus Osnabrück, die in dieser Nacht des Brandes nicht hinausgegangen sind, die den Donner die Explosionen die Schreie das Rollen der Lastwagen nicht gehört haben

die Liste aller aufstellen, die *D*raußen sind in jenen sonderbaren Jahren, in denen es noch einen Flur zwischen *D*rinnen und *D*raußen gibt und zwischen draußen und drinnen einen Durchgang mit einer bewachten Tür, und die das Draußen, in dem sie wohnen, für das Drinnen des Käfigs eintauschen

– Wir haben nicht dieselbe Mentalität, sagt Ève, ich war 1933 nicht in Osnabrück, ich war schon 1930 weg,
 – Wir haben nicht dieselbe Mentalität sagt Fred, ich bin es, der ganz allein gegen Goliath gezogen ist, muss man Ève daran erinnern,
 – Wozu ist das gut, sagt meine Mutter, warten, um ins Gefängnis zu kommen, in die Lager zu gehen, muss das sein?
 Und auf einmal sitzt Fred, das heißt Siegfried M. D., im Gefängnis,
 Die *E*rfahrung des Gefängnisses macht Eve erst 1962 und in Algerien
 von denen, die in der Schweiz in Sicherheit sind und die „zu uns" zurückkommen anscheinend ohne zu sehen, dass die Rückfahrt in den Käfig führt,

und die Gefahr und Sicherheit verwechseln,
und von denen, die tief schlafen während es tobt?
diejenigen, die festgenommen, in ein Lager für *Feindliche Ausländer\** geschickt werden oder in ein *Konzentration Zenter\** erste Auflage, die aufhören, nicht zu wissen, und von einem Tag zum nächsten in das unerbittliche Wissen geworfen werden, wofür Felix Nussbaum ein Beispiel ist. Da ist einer, der Auschwitz in Saint-Cyprien entdeckt, mit einem Unterschied: Es ist nicht unmöglich, die Flucht zu ergreifen. Da ist einer, der die Flucht ergreift und ihr folgt, aber nur für ein paar Monate und ein paar Bilder. Dann erschöpft sich die Flucht, man verliert sie,

Und es fängt wieder an, das Nussbaum-Karussel: Als die Ledel Dolf im März 1943 Felix und Felka vorschlagen, Brüssel zu verlassen und ihnen in ein Ardennendorf zu folgen, fängt es wieder an, Felix und Felka entscheiden 1) in Brüssel zu bleiben, 2) in die rue Archimède in genau die Mansarde zurückzukehren, aus der sie vier Seiten zuvor, Seite 160 ihrer Biografie, geflohen waren, etwas führt sie zurück, niemand kann für mich sterben,

– die in der Schweiz, die spielen mit Selbstmord, sagt meine Mutter

meines Erachtens hat Onkel André, der 1936 bis Tiberias in Palästina war, sich sehr bemüht, um von Tiberias wieder nach Osnabrück zurückzugelangen, ein kleiner Mann unter der Fuchtel seiner brutalen Berlinerin, meines Erachtens ist er schon in Tiberias gestorben an schlechter familiärer Behandlung und so war es ein Toter, der zurückgekehrt ist, um sich ermorden zu lassen, als ob es die Nazis waren, die ihn getötet hatten, und nicht die Familie, und in Wahrheit war es die Bosheit, die sich rasch und virulent wie eine spanische Grippe beinahe überall in Europa ausbreitete, in Freds Fall, Vater und Mutter, die ihn in den Käfig zurückholen um ihn zu beschützen, wie es heißt, auch das gehörte zum neuen Konzept, man verhaftete die *Juden*, um sie zu „beschützen", aber bei uns ist es nicht üblich, den Nachbarn zu kritisieren, man denkt nichts, und Fred sagt nichts, Andreas Jonas, Hermann Katzmann, um-sie-zu-beschützen, Omis ältere Brüder, und Omi hat in letzter Sekunde *die Beschützung vermieden*

„Sehr verehrter Professor Freud,
   ich habe soeben meine medizinische Doktorarbeit verteidigt



diesen Brief schickt er ab,

In Anbetracht der Anzahl von Antworten, die du erwartest, brauchst du doch nicht in einer Studentenkammer in Basel zu bleiben, da kannst du genausogut nach Hause kommen und im Warmen warten, du hast deine Mutter schon seit Ewigkeiten nicht besucht, der Dr. Freud wird deine Probleme, wenn du in Münster bist, nicht schneller lösen als wenn du in Osnabrück bist, du dürftest der zwanzigste auf der Liste der Briefe sein, die zu beantworten er nicht die Zeit hat, es ist wie beim *Visum\** für die Vereinigten Staaten, da bist du der Zwanzigtausendste auf der Liste, während ich ein *Visum\** in Peru beantragt habe, Kolumbien ist für meinen Sohn den Doktor nicht gut genug, als ich am 14. Oktober zurückgekommen bin, hat meine Mutter vor Erleichterung geweint, als ich am 9. November verschwunden bin, hat meine Mutter vor Entsetzen geweint sagt Fred, so etwas nennt man *bitter irony*, wer weiß was das Los uns beschert, am Ende ist das *Visum*\* für die Vereinigten Staaten angekommen, mein Vater war gerade nach Peru fortgegangen, der Brief von Freud ist niemals angekommen, das heißt nicht, dass er nicht aus Wien losgegangen ist, alles kann nicht-ankommen

die Menge an Dingen, die nie mehr ankommen würden, wenn Sie sich im *Konzentrationslager*\* Buchenwald eingesperrt finden der Luxus, auf einen Brief, ein Kuvert, eine Botschaft zu warten, die Ihnen durch die Welt entgegenreist, die Abschaffung der Überlebensbedingungen der Hoffnungs-Erwartung wird gleich oben auf der Seite 6 von Freds Bericht zu entdecken sein,


aber im Keller Seite 2 ist man unter dieser Erde noch am Leben, die Gedanken der Eingesperrten kommen und gehen noch frei zwischen den verschiedenen Kontinenten der Zeit, und redet man zwar beinahe nicht, so grübelt man darum nicht weniger


– Warte mal! sagt mein Sohn, der Vater hat seinen Sohn nach Osnabrück zurückgeholt? Ende 1938?
 – Seite 4, sage ich.
 – Hat der Vater das überlebt, was er getan hat?
 – Um der Mutter eine Freude zu machen. Ich weiß nicht, sage ich.
 – Was magst du von dir selber denken, wenn du *Das* getan hast? sagt mein Sohn.
 – Der Vater dachte an die *S*ynagoge. Der Sohn sieht zu, wie der Tempel niederbrennt, es geht sehr schnell, wo-

mit haben sie den Brand gelegt, *Nun\**, denkt der Sohn, hindert uns nichts mehr daran, Osnabrück zu verlassen, da die *S*ynagoge ja gestorben ist, aber er sagt nichts sie brennt noch und der Vater brennt mit ihr, *liebster Vater\**, sagt Fred, tritt ein wenig zurück, und in dem Moment stoßen zwei *Z*ivilisten sie in den Rücken.

Auch Omi war in Osnabrück, kein Jonas ist gekommen, um den Tod des Tempels mitanzusehen, Omi war kein Pfeiler, sage ich.
 – Omi hat Ève nicht zur Rückkehr gezwungen, auch Éri nicht, sagt mein Sohn.
 – Ève hatte Omi nicht herausholen können. Letztlich ist es der Mord an der *S*ynagoge, der sie befreit hat.
 Die Fälle von Betörung sind so zahlreich, sage ich, es bräuchte Tausende von Freuds, um sie zu untersuchen.
 – Auch Freud war betört, sagt mein Sohn. Er hätte einen Freud gebraucht.
 – Da ist auch die Familie Nussbaum, die Eltern, nach einem Schweizer Zögern. Auch sie waren keine Pfeiler der *S*ynagoge.

Meiner Ansicht nach gibt es unter den diversen, zahlreichen Betörungen, die so viele Gefährten des Juden Odysseus verhexten, eine, deren trügerische Macht nie genug verurteilt worden sein wird, und zwar das *Visum\**. Das *Visum\** ist die Waffe des Teufels: Man verspricht, man verspricht, man verführt, man schmiert, hypnotisiert, man verwandelt Menschenwesen in Halluzinierende, in Lahme aus freien Stücken, Philosophen in primitive

Verwaltungsformularfetischisten, überall auf der versteinerten Erde irren *S*uspendierte, die in der Schwebe hängen, in der Schwebe der Post, in der Schwebe der Zeit in der Schwebe, am Haken der Erwartung, mit gesträubtem Haar, gespitztem Ohr, verkrampfter Brust, es macht die Leute reizbar, nervös, manisch, niedergeschlagen, sie sind nicht wiederzuerkennen,

auch Brecht wartet, der amerikanische Sesam ist noch nicht, noch immer nicht angekommen, auch in Schweden erwartet man, dass das Nazi-Ungeheuer schneller als die Visen eintrifft, anstelle eines Grubenforschers, der die Tiefen der Jahrhunderte mit Theater erforscht, sitzt ihm im Kopf ein Besatzer, der von einer Route besessen ist, wie könnte ich nach Finnland gehen, wohin Freunde mich rufen, führe das Schiff nach Helsingfors, damit durch die UdSSR bis in die USA, dazu müsste ihm allerdings das Visum vorausgehen, ihm folgen, müsste auf den Weg gegangen sein, oder ansonsten nach Mexiko, Brecht fasst jetzt fest Haiti ins Auge, dorthin wird ihn das *Visum\** gebracht haben, er notiert auf einem Zettel: nicht ohne Kafka aufbrechen, weil dessen Bücher nie ein Ende hatten, der Zettel ist so groß wie ein Visum,

man lebt jetzt in einem Visum-Leben, es braucht ein Visum, um die Straße zu überqueren sagt Kafka, ein Visum, um zum Friseur zu gehen, leben ist mit Schaltern umstachelt, außerdem gibt es kein Visum sagt Brecht, das Wort *Visum\** ist in allen Köpfen, aber keineswegs in den Briefkästen, und es gibt kein Visum für die Bibliotheken

Freds Bescheidenheit: – Was sollen die Bücher, wozu eine *S*ynagoge für die Gefangenen, ich bin bereit, mit den zehn Dollar in der Tasche auf egal welchem Schiff fortzufahren, das Leben ist fern von hier, in der Zukunft, ich verspüre eine Neugier

– Aber was fabrizierte dieser Fred da, ein M. D., der an seiner Familie hing, alle fallen gemeinsam, verstehst du das? sagt meine Mutter 1985. Ein Mann, der alles der Chance verdankt? ich möchte lieber nicht abhängig sein.

– Und warum bleibt Benjamin hier oder da, bis die Krokodilzähne sich über ihm schließen, er hat die Zeit gehabt, seinen Essay über die Zauber der Rachen zu schreiben.
– Ich verstehe nicht. Hat das Krokodil denn Schlangenaugen?
Und Katzmann spielt mit dem Feuer der *Synagoge.*
All diese freien Leute, die für ein vergiftetes Linsengericht ihre Freiheit verkaufen, versteh ich nicht

– Die Frage, sagt meine Tochter, ist, in welchem Augenblick es nicht mehr möglich ist, *nicht-fortzugehen.*
Diesen Moment sieht man kommen also ist er bereits da,

– Die Kusine Gerda, meine Lieblingskusine, sagt Ève, so unendlich freundlich, als sie mit den Kindern in Marseille festsitzt, ihr Mann in Gurs, schreibe ich ihr, komm doch her, es gibt noch ein Schiff nach Oran, sie bleibt im Krokodil, und für wen? Es kann doch nicht für ihren Mann sein, der hässlich ist, ein Spieler, faul, gewaltsam, ein Tunichtgut und Taugenichts, ich verstehe diese Frauen nicht, die lieben was sie nicht lieben, das ist ein Sehfehler, und dabei ist er es doch, der schielt, hat sie etwa in Auschwitz einen Grund gefunden?

Und es gibt auch die Veteranen, diejenigen, die mit ihrem Eisernen Kreuz verwachsen sind, denen die Brust schmerzt, die noch deutscher als die Deutschen sind, das Kreuz zurückgeben zu müssen, die Nationalität, sogar den Krieg, als ob sie Diebe wären,

und die Kriegswitwen, auch sie, Diebinnen und Frauen von Dieben, Blutsaugern und Betrügern


Zum Beispiel Papa, das heißt Hermann Katzmann, der wie eine kleine Wunde auf der Höhe des Herzens hat, da wo immer die weiße Tasche war, wenn es nicht, an den Nationalfeiertagen, das Eiserne Kreuz war. *Nun hier\** spürt er dessen Abwesenheit in seiner Brust. Aber das ist nichts.

– Aber Fred war ja sehr jung, der jüngste im Keller, sagt meine Tochter.
 – Allerdings hat Fred das Alter des perfekten Tragödiensekretärs, er ist im Keller 26 Jahre alt und hat alle Eigenschaften, die eine Figur definieren, sage ich, und das ist meine Chance: Im Januar hat er seine Doktorarbeit in Medizin verteidigt. Wo?

*Lebenslauf*

Wo? In Münster? Nicht in Münster, in Hamburg? nein, in Dresden nicht, nein, ist die Vorstellung naiv? nein, verzweifelt? nein, selbstbetrügerisch, seine Doktorarbeit 1938 in Deutschland zu verteidigen, wenn man ein seit 1933 zu-zerstörender-Jude geworden ist, das ist einer der Gedanken, über die Freud zu schreiben erwägt falls er 1938 noch den Mut hat zu schreiben, als er selbst sich so oft in der antirealen Position des Heiligen Antonius überrascht, den die versucherischen Illusionen umbuhlen, ja bedrängen, Gedanken im Tutu drehen anmutige und entsetzlich perverse Pirouetten um das Hirn des alten Weisen, sie stehen Schlange in der Berggasse und säuseln ihm Sirenensinniges ins Ohr, bleib doch bei uns mein Süßer, das wird alles nicht lange dauern, in deinem Alter wechselst du nicht mehr den Panzer meine alte Schildkröte, ein wenig Geduld und dieser ganze Schlammassel wird sich in schlimme Erinnerungen verwandelt haben, und er hält sich die Ohren zu und schüttelt den Kopf, um sie nicht mehr rascheln zu hören, nach der Hölle wird eine Untersuchung anzustellen sein über das Sprießen der Selbstlügen, der schlechten Gutegründe, autoimmunitären Sophismen, das die Geistesvermögen einer ganzen Bevölkerung infiziert als diese sich plötzlich in der unsichtbaren aber unüberwindbaren Umzirkung eines betörten und mutierten Deutschland eingeschlossen findet wie ein verwünschter Wald im *Befreiten Jerusalem*. Alle in diesem Land sind verwünscht, aber das werde nicht ich vollbringen, zu alt, zu spät, denkt Freud in Wien, an den Fred denkt, während er wirr umherflattert wie ein orientierungsloses Insekt, bis er davon ablässt, sich an der gläsernen Mauer zu stoßen und sich auf wundersame Weise im Januar 1938 in der Schweiz befindet. In Basel. Zu dem Zeitpunkt ist er außerhalb des *Betörten Lagers*. Da schickt ihm der Vater, der innerhalb der Betörung steckt, ein paar *Illusionen*. Fred kehrt genau zur rechten Zeit nach Osnabrück zurück, um sich am 9. November 1938 mit seinem Vater verhaften zu lassen.

– Nun sieh dir das an, sagt meine Mutter, was hältst du davon? ein junger Mann, kerngesund, unverheiratet, mit einem Diplom, ihm fehlt es nicht an etwas Geld, Englisch spricht er bereits sehr gut ein bisschen Französisch, er ist frei, er hat eine schweizer Chance, um die Tausende ihn beneiden, die bereits hinter den künftigen Gittern sitzen, und er kehrt selber in den Käfig zurück, um sich mitsamt seinem Vater verhaften zu lassen, was nicht lang auf sich warten ließ, ich kann damit nichts anfangen, 1938 in Osnabrück mit ihrem Bruder Omi die verstehe ich auch nicht,

– Ich wollte dort auf mein *Visum*\* für die Vereinigten Staaten warten, schreibt Fred.
– *Ach was!*\* Ich nenne das einen Mangel an gesundem Menschenverstand, fegt meine Mutter Fred junior fort, wer weiß, ob sich Fred 1985 verändert hat?

1939 kommt er in Ellis Island an. Ende von Siegfried. Er nennt sich Fred. Es tritt ein bei den Armen und Verfolgten – Fred!

Freds Haare wachsen nach. Er rasiert sich den Namen ab, der ihn verraten hat, den er verraten hat.

1940 lässt er sich in Des Moines, Iowa nieder. Amerikanischer geht nicht, weniger Deutschland gibt es nicht. Siegfried weist er in einen Winkel des baumlosen Waldes aus. Von Ende 1939 und bis März 1941 ist Freds Geist immer noch mit tausend winzigen Fäden an Buchenwald gefesselt. Er brütet über dem Ganzen der *E*rfahrung ohne eine einzige Minute davon zu verlieren, in seinem Kopf, wie der Träumende seine gesamten Kräfte anspannt, um den Traum am Traum-Leben zu bewahren bis jedes Bruchstück aufgenommen und sicher abgespeichert ist vor dem Ansturm des Erwachens fehlerlos bewahrt. Ohne die Augen zu öffnen notiert er ein Element nach dem anderen, in der Dunkelheit, das geht äußerst schnell, nicht schnell genug, wo auch immer er ist, ob Nacht oder Tag, verlässt er den Keller nicht, das Lager nicht.

1941 öffnet er die Augen, die Zeit tritt in sein Zimmer, er schickt seinen *Bericht*\* an Walter Benjamin.
– Ich habe nie unser Gespräch 1937 in Paris vergessen, im Café nahe der Botschaft der Vereinigten Staaten. Es

handelte sich um Visen, man darf sich keine Illusionen machen, das Visum wird mir bestimmt verweigert werden, eine kleine Illusion gilt es jedoch aufrechtzuerhalten, man kann nicht nicht hoffen. Es wird keine Antwort geben. Bewahren wir die Illusion, sagt Benjamin. Und Fred bewahrt eine kleine Illusion. Es ist Krieg, alles geht verloren, alles kommt nicht an, ich schicke Ihnen meinen *B*ericht über die Umstände der Deportation eines *Aktionsjuden\** von Osnabrück ins KZ Buchenwald. Sie werden hier den Beweis dafür finden, dass es eine kleine Chance gibt, dass man die *E*rfahrung, unter gewissen Umständen, berichten kann. Anschließend verzichtet Fred darauf, die Antwort zu erwarten

*Benjamins verlorener Tod*

Zu jener Zeit irrten Hunderte von Briefen, vermutlich Tausende in den Ländern Europas umher, auf der Suche nach ihrem Empfänger, aus der Orientierung geratene Schar, Tausende von Empfängern hielten Ausschau nach einer Antwort, einem Zeichen, warteten, fielen unter den Klauen der Erwartung, hängten ihr Leben an einem Umschlag auf, wiederholten die tödliche Angst der Szene 1 Akt V aus *Romeo und Julia*, verspielten ihr Leben in einer Straße von Paris-Mantua ohne es zu wissen, starben am Ende aus Irrtum und Fatalität, während die Briefe nicht ankamen, nicht ankamen, die Visen und die Tode kamen nicht an

In Träumereien wendet sich Omi meine Großmutter zumindest einmal die Woche an ihre beiden Brüder und ihre beiden Schwestern, die 1942 starben die nicht gestorben sind, die bis 1945 mit Omi sprechen, erst 1946, am 11. Juni, wird Elfriede auf einmal ihrem Bruder Erich Maria Remarque aus der Brust gerissen, in der die Enthauptete seit drei Jahren überlebte, die Hände über dem Herzen zusammengekrallt ohne sich gegen die Brutalität des Angriffs verteidigen zu können, ein Doppelschmerz im Thorax, nicht nur geht das Beil auf Elfriede nieder und trennt den Kopf vom Körper, den Körper vom Kopf, sondern es trennt auch die Schwester vom Bruder, und da lebt nun der Bruder noch drei Jahre weiter als hätte man ihm nicht einen lebensnotwendigen Teil seines Seins abgetrennt, er ist halb tot, und dieser Halbtote erwacht mit Gebrüll, der erste der Anfälle, notiert der Arzt, der den Tod des großen Schriftstellers feststellt, geschah bereits 1946, er hat sich nie von einer Enthauptung in seiner Abwesenheit erholt, denkt die neue Witwe mit dem schönen Gesicht, das Eindrückliche die ganze Zeit, das war das Schweigen, Remarque hat den Namen seiner Schwester nie ausgesprochen, in einer Ecke seines Herzens hatte er ein Grab, an das zu denken er vermied, schließlich hatte er dieses letzte Aneurisma,

Tote, ganz oder in Stücken, irrten umher wie Jammerseelen und litten, weil sie nicht beweint wurden wenngleich sie es nicht eilig hatten, aus der Liste der Lebenden gelöscht zu werden, auf beiden Seiten wehrt man ab und leugnet, ich kenne diese Strategie, mehr als einmal habe ich selber dem Nichts verwehrt, mein Dasein zu betreten, da mir in diesen Fällen allerdings kein Krieg unauffällig zu Hilfe kam, hielt mein Widerstand nicht mehr als ein paar Wochen stand

hingegen konnten in den 1940er Jahren die meisten Leute, die in der Nachrichtenlosigkeit lebten, zugleich sein und nicht sein, oder abwechselnd. Wohingegen im Ersten Weltkrieg oder im *Ersten Großen Krieg* die Todesnachrichten einem ununterbrochenen Lauf folgten, was den Riten einer Kultur entsprach, die mit der Einführung des Nazi-Beils vollkommen verschwunden ist.

Ich weiß nicht, in welchem Jahr Fred erfahren hat, dass er den Bericht, der ihm 1941 am Herzen lag und für den er insgeheim die Gefühle eines Vaters hegte, den bei der Geburt eines Kindes eine unerwartet heftige Gemütsbewegung übermannt, an einen lange-schon-Verstorbenen geschickt hat. Man fühlt sich ein wenig verraten und verräterisch. Dann schlägt die Laune um: Lange Zeit hätte man glauben können, dass der verehrte Benjamin diesen bescheidenen Bericht eines *Aktionsjuden\** nicht für notwendig gehalten hatte, dass er ihr Gespräch über *Erfahrung\** vergessen hatte, dass das, was für Freds Geist zu einem Schatz und also zu einer E*inzigartigen* E*rfahrung* geworden war, vermutlich nur ein armseliger kleiner Augenblick im Tausendundeinleben von Benjamin war,

– Ich wusste nicht, niemand hatte es mir gesagt, ich hätte es so gern noch nicht erfahren, solange ich von seinem Fortgehen nichts wusste, dem verfrühten, unterhielt ich die kleine Feinschmeckerfreude des Lesers, der in glühender Gewohnheit geduldig, aber standhaft auf das Erscheinen einer nächsten ersehnten Nahrung brennt. Und es ist, als solle ich plötzlich einen seltsamen Mangel im Rückblick empfinden


Ansonsten klingt der Text bald überkommen, seine Sprache wird altmodisch, neue Wörter tauchen auf, was für Fred *Etwas\** war, hat keine Gültigkeit mehr, stattdessen sind große, modernere Nomen im Umlauf, der *Bericht\**

müsste sich in neues europäisches Deutsch übersetzen, um sich denen zu präsentieren, die nach seiner Geschichte kommen, Fred selbst ist nicht mehr Fred Buchenwald


Zufällig gräbt Fred 1986 seinen *Bericht\** aus, er schickt ihn „an Eve-le-rêve-den-Traum-seiner-alten-Tage", der *Bericht\** ist kein Bericht mehr, ist nicht mehr das Dokument, das mit Methode und kühlem Kopf von einem jungen M. D. verfasst wurde, der nach dem größten Schiffbruch der Zivilisation auf die Insel USA gelangt ist, während seiner Ausarbeitung im Jahr 1941 verfasste Fred Katzmann es für eine kommende-Menschheit, gesichtslos und genauso fremd wie die Kriegs-Menschheit, in jenem Jahr, im Jahr zwei seines zweiten Lebens ist er noch ein disziplinierter junger *D*eutscher, disziplinierte Wut, aufgeräumtes Gedächtnis, er ist allein auf der Welt, er hat alles zu erfinden auf seiner Iowa Insel, weit und breit kein Seinesgleichen am Horizont, er ist nicht der einzige, der sich als Robinson fühlt, aber er weiß es nicht, alle Kommunikationsverbindungen sind abgeschnitten, das Jahr 1941 hat nicht die geringste Ahnung davon, was geschehen wird, wenn der Krieg das Universum endgültig verschlungen haben wird, er ist selbst ein Zeuge und ein Akteur des Todes der Welt, die er noch lebend kannte, und wenngleich er nicht mehr tot ist, so ist er doch noch nicht jenseits des Grabes, es passiert einem nicht oft, ein ehemaliger Begrabener zu sein

1986 ist Siegfried schon lange nur noch eine Art kleiner verlorener, fremder, vergessener Bruder des niedergelassenen Dr. Katzmann demokratischer Wähler, der sich im Wahlkreis von Des Moines engagiert, als er jene

Ève kennenlernt, die Nikolaiort 2 wohnte, wo Hermann Katzmann Andreas Jonas abholte, um über die Politik der Gemeinde zu sprechen und das sät eine unerwartete Aufruhr in den seit mehr als fünfzig Jahren unter Vergessen gehaltenen Geistern, es ist nicht unangenehm, es ist aufregend, es ist unangenehm, es ist aufwühlend, es beschwert die Seele mit einer Invasion von Gespenstern allesamt von der Verspätung und der Dringlichkeit aufgeschreckt und mehr oder weniger in Angst versetzt,

und wenn Fred 1938–1941 nicht sorgfältig notiert hätte, dann hätte Fred 1985–1986 absolut nichts tun können, um den kleinen verbannten Deutschen wiederzubeleben, er selbst, der Doktor hätte nicht an seiner Stelle sprechen können. Zu alt. Zu spät


Unmöglich heute 1985 zu wissen, was er 1937 dachte, all seine Kräfte versammelt, um sein Medizinstudium vor *Etwas*\* abzuschließen, ein nicht identifizierbares Etwas, er nomadisiert von einer Universitätsstadt zur nächsten, er weiß nicht mehr, in welcher er dieses Gespräch mit Walter Benjamin hatte, vielleicht im Jahr 1935, *Erfahrung*\*, sagt er, die *Erfahrung* ist seit der Katastrophe des Großen Krieges im Wert gesunken, die Menschen haben sich verändert, vorbei die Ilias, was man erlebt hat, Leiden, Aufstände, undsoweiter, wird nicht mehr in Worten vermittelt, von einer Generation an die nächste übermittelt, er selbst Benjamin hat den Krieg nicht erlebt und die Erzählungen von der *Erfahrung* fehlen ihm, es wird nie mehr Erzählungen geben, Benjamin ist in großer Trauer.

Und wenn ein kleiner Mann, genauso groß wie Andreas Jonas und Hermann Katzmann, das Mittel fände, zwischen Tod und Entsetzen, die *E*rfahrung zwischen den Seiten eines Heftes niederzulegen, ein Händler oder ein Arzt, kein Dichter, vor der Literatur, vor dem Gedächtnis, vor der *G*eschichte, im Augenblick selbst?

Fred hatte seinen Bericht bereits geschrieben, ehe er überlebt hatte, schon vom Keller an als junger M. D., es beginnt mit Flatauers Satz, da ist ein Buch, *Nun sind wir hier*, schon mit dem Titel wird es ungewiss, wo bringt man uns denn hin? die Figuren wissen nie wo sie sind oder wohin sie gehen, die Leser folgen mit Argwohn, lauter Sätze ohne Verb, kein Ziel der Erzähler wird von der Polizei gepackt und zum *S*chloss gebracht. Früher ging ein sanfter Goldschimmer vom *S*chloss des eleganten Fürstbischofs aus. Die Verwandlung trifft alles, Gebäude, Gesichter, Gänge und Vorgänge, der Erzähler geht nicht, er stolpert, gestoßen, mit Knüppelhieben vorwärtsgetrieben, die ehemaligen Menschen eine abgestumpfte Herde, und dabei hatte der Erzähler doch vor, die Einäscherung der *S*ynagoge bis zum Ende zu verfolgen. Aber die *M*ächte berauben ihn jeglicher Ausübung seiner menschlichen Funktionen, selbst Klage und Schrei der Menschen – entrissen, die Herde grunzt, gehorcht mit gesenktem Rüssel, lauter Leichname werden unbestattet in den Gräben des *S*chlosses liegen geblieben sein, der Erzähler macht die abscheuliche faszinierende Erfahrung äußerster geistiger Schmerzen von denen er nie gehört hat, selbst in Dantes Hölle, Seelenschmerzen, die man *nicht* ertragen, nicht fliehen, nicht erleiden *kann*, die einzige Lösung wäre aufzuhören ein menschliches Ich zu sein, verrückt zu werden, aber für den Augenblick weiß niemand wie man es anstellt, sich selbst auszuschalten, und während die humpelnde Herde der Verwandelten ins schattige Nirgendwo vordringt, windet sich die *Synagoge* ganz allein in den Flammen, niemand ist da, als sie ihren letzten Seufzer keucht.

Indessen sammelt Fred verstohlen jeden Krümel jedes Exkrement, jeden Tropfen, Blut, Schweiß, Träne, Urin, realer oder seelischer Natur, mit dem Gleichmaß einer Maschine, es ging von allein los, es passiert planlos, das Gedächtnis grast, schnappt, klassiert in einen versteckten Aktenkoffer im Kopf, das Gehirn funktioniert wie eine Krypta, ein Tresor, es bewahrt, es wird dicker

kaum komme ich an in Des Moines, in meiner kleinen Wohnung habe ich mich noch vor dem Auspacken, vor dem Haben, vor dem Verifizieren, vor nackten Regalen hingesetzt, um zu schreiben, zu schreiben, ohne anzuhalten, ohne zu trinken, ich schreibe nicht, ich gebe wieder, gebe wieder von mir, schütte, erbreche ganze Städte, Straßen, Lastwagen, Kataloge von Agonien rennen, rennen, ich hatte Angst, das Margarinebrot zu vergessen, ich hätte auf dem Fußboden geschrieben
   mit übermenschlicher Geschwindigkeit wie ein Entronnener, den das Gebell des *Vergessens* verfolgt

Einmal in meinem Leben bin ich übermenschlich gewesen, sagt Fred, mir gelang alles zu tun, was ich niemals hätte tun können. Es hat fast eine Woche gedauert.
   Danach bin ich in Iowa geblieben.


– Das Bemerkenswerte, sage ich, ist, dass man während der fünfzig Seiten und während all der Desaster-Wochen, die aus dem 9. *November* hervorgehen, unzählige Henker Teufel ihre Beuten bis zur Hölle geleiten sieht, Gott ist nirgendwo zu sehen, das ist bizarr

Im Keller 38 hat niemand Ihn angerufen, man versuchte Ihn zu verschonen

# Hier, Buchenwald

Ende November 1938, Seite 5, unterwegs nach Buchenwald, der grandiose zweite Teil von Freds Brief spielt sich gänzlich in der *U*nvorstellbaren *W*elt ab, und alles darin ist so genau berichtet wie in einer Reise von Swift, außer dass hier alles wahr ist.

Eine solche Entdeckung hatte ich nicht erwartet, sage ich. Meine Gefühle lassen sich mit denen eines Archäologen vergleichen, der die *perfekt erhaltene* Stätte von Troja entdeckt. Hier, Buchenwald, *E*rste *V*ersion von Auschwitz. Die Hölle erprobt und übt sich. Das *L*ager vor dem *L*ager.

Auf Seite 7 ist dieser Brief schon lange kein Brief mehr, seit der Seite 5, Freitag 11. November, ist man in dem unbeschreiblichen Epos ohne es zu wissen, die List des Grauens ist die Wegzehrung, die jedem auf dem Schiff *Das Grauen* eingeschifften Fahrgast ausgehändigt wird und sich wie bei der Höllenfahrt eines Äneas in der äußeren Erscheinung eines betäubenden Krauts präsentiert, es handelt sich um ein Margarinebrot, in Zeitungspapier eingewickelt findet man es, erste Nahrung seit drei Tagen Gefängnis und letzte Nahrung vor drei Tagen Lager, oben auf der Seite 6.

– Ich sehe dieses Margarinebrot noch, sagt Fred, im Rückblick hat es eine so monumentale Bedeutung angenommen wie das Tor zum *Lager*, das wie alle Tore dieser Art eine Nachahmung von Portalen ist, auf denen feierliche, düstere Sprüche prangen, sie fordern die Ankommenden auf zu arbeiten und alle Hoffnung fahren zu lassen, durch mich, sagte das Margarinebrot, geht es zur Stadt der Schmerzen, ich bin eine Warnung,

dieses in ein Stück Osnabrücker Zeitung eingewickelte Margarinebrot ist ein jämmerliches Manna für die Wüste, wir sprechen später noch davon

was es mit dem berühmten Tor gemein hat, das Dante entziffert, dem Anschein nach bevor er in die *Qualen* gerät, ist, dass es erst im Gesang 3 erscheint, es gehört zu jenen bitteren Vorboten, die dermaßen verspätet kommen, um vor dem Schmerz zu warnen, in dem man schon fortgeschritten ist, es ist das Brot des zu spät

Warum schreibt man diesen *Bericht\**, bevor man überhaupt seinen Koffer ausgepackt hat? All diese fiebernden Chronisten, man könnte sie von der Furcht beflügelt laufen sehen, Furcht vor der Katastrophe jenseits der Katastrophe, von der Hoffnung, ihr zuvorzukommen, beflügelt vom Gedanken, die Gräuelschätze der Katastrophe zu verlieren, einen nach dem anderen oder alle auf einen Streich, und einige Zeit danach aufzuhören, daran zu leiden und schreiend davon zu träumen, und nur den Verlust des Grauens feststellen zu können wie Prousts Erzähler, den die Panik packt bei der Vorstellung, nicht nur aufzuhören zu lieben, sondern sich bald, zu früh, dieser Passion zu entfremden, des Amour fou, der nur noch eine allgemeine Floskel, eine ganz nachrangige Erinnerung ist, und diese erbärmlichere Inkarnation des Todes im Leben, eine bleiche, sinnentleerte, ferne Silhouette, nicht einmal ein Foto, eine Art von Gleichgültigkeit, die dem Herzen angst und bange macht. Das Bewegende dieses Verhaltens, das bei den Chronisten zu erkennen ist, liegt darin, dass es in jedem der Autoren die so schwache Kraft einer ahnungsvollen Weisheit bekundet: Alle wissen-um-und-fürchten die unerbittliche Zerbrechlichkeit der *Erfahrung*\*. Ihre Allmacht hat nur eine Zeit.

Als Fred sich an die *Erzählung eines Aktionsjuden*\* macht, erklärt er sich von der Pflicht bewegt, Zeugnis abzulegen, alle Erzähler befriedigen ein ganz natürliches Bedürfnis, Anklage zu erheben, es ist richtig, es ist ein Gruß an die Menschheit, von der man glauben möchte, sie sei die Hüterin des Gewissens. Er beeilt sich, noch kann er auf jene außergewöhnlichen Geisteskräfte zählen, die in den quasi unmenschlichen Fällen von KZ oder ultra-gewaltsamen Situationen aktiviert werden. Auf einmal ist man übermenschlich, allerdings für eine begrenzte Zeit, so wie ein Held ein guter Soldat ist, der während einer Trance zur Halluzination von Unsterblichkeit getragen wird.

Was aber der Chronist im Moment des Wettlaufs mit der Zeit nicht erklären kann, das ist dieser Bemächtigungswunsch, eine Gier, eine begehrliche Aufregung, das Bedürfnis, jedes Element eines grauenhaften Schatzes zu genießen, die Goldstücke des Schmerzes vor dem Vergessen in Schutz zu bringen

Eine Zeitlang war man Erbauer der Kathedrale der *Schmerzen*, es war wahr, aber es konnte nicht von Dauer sein, man lässt Dante, Vergil und ihre Nachkommen weitermachen und man kehrt zurück in die Praxis des Dr. Katzmann, Orthopäde in Des Moines, Iowa.

Indessen empfindet man eine gewisse Erleichterung nach der Zeit *Maßlos*. Eine Müdigkeit mit einem Gefühl von Sicherheit. Der vollbrachte *Bericht\** – die letzten Seiten lassen eine gewisse Eile, zum Ende zu kommen, erkennen, auf die Ausführlichkeit des Heraufbeschwörens folgt eine tierhafte Beschleunigung, es geht von der Kathedrale zum Lebenslauf – wird in der Gedächtnisbank hinterlegt. Endlich sicher, *sauf!* Das Epos der Kathedrale ist jetzt in eine Schublade gequetscht. Fred ruht sich von seiner Größe aus. Der Beweis liegt im Tresor.

Wem soll er sagen „ich bin Übermensch gewesen"?


– Hüte dich vor Tresoren, sagt meine Mutter. Weißt du was das ist, ein *safe*? Das ist ein englisches Wort, das ich bewahre, es ist sehr nützlich. Manchmal ist der *Safe* dermaßen *safe*, dass du ihn nicht mehr zwingen kannst, dir wiederzugeben, was du ihm zu hüten gegeben hast.

Plötzlich kommt mir in den Sinn, dass ja Fred 1985, einmal nach Iowa zurückgekehrt, nachdem er in Osnabrück auf Ève gestoßen war, in am wenigsten vorhersehbarer Weise an eben dem Ort, an den weder der eine noch die andere je hätte kommen oder zurückkommen dürfen, können, wollen, denken mögen, kaum dass er mit dem Flugzeug nach Des Moines zurückgekehrt war, vielleicht deshalb einen dicken Umschlag an Ève in Paris geschickt hat, weil er ihr beweisen wollte, dass er hätte Schriftsteller sein können, dass er Moralist hätte sein können, dass

er, wenn Freud ihm geantwortet hätte, hätte, und nicht
wäre, vielleicht oder vielleicht nicht ...

also, warum schickt Fred seinen *Bericht\** an seinen
Traum-vom-Alter? und so spät? ein Ding, das seit vierzig
Jahren in einer Schublade schläft,
 ein *Bericht\**, der letztlich niemandem irgendetwas gebracht oder berichtet hat, seit er abgelegt, weggeräumt, vergessen wurde, weder weggeworfen noch aufbewahrt, vielmehr eine Mischung der beiden, ein man weiß nicht wann wegzuwerfendes Bewahren, in der Schublade mit den Verwaltungspapieren, ein Abgetriebenes, oder ist es ein Selbstportrait des jungen Mannes, der versäumt hat, ein Held zu sein, mit dem Fred sich 1986 schmückt, um sich einen gewissen Glanz in Èves Augen zu verschaffen?

*Ein Siegfried*

– Ich bin ein Siegfried gewesen, ich bin der erste der *Aktionsjuden\** gewesen, als *Juif-Aktionné* bin ich ein Pionier der Hölle gewesen mit meinen jammernswerten Gefährten aus Osnabrück habe ich Buchenwald eröffnet, im Dezember des Kristall\*-Jahres kamen wir zu dem großen, von etlichen Erdarbeiten aufgewühlten Gebiet, schwer bewaffnete SS-Wachen standen herum. Diese Männer trugen eine olivgrüne Uniform mit schwarzen Spiegeln. Es schien, als ob die schwarze Uniform zu vornehm sei, um in einem Lager getragen zu werden. Wir fuhren auf frisch gerodeten Wegen zwischen hohen Stacheldrahthecken, durch die man den Wald dahinter sah. Schließlich kommen wir zu einem pompösen Tor, von Steinpfosten gesäumt, die allesamt mit Adlerskulpturen geschmückt waren. Rechts und links imposante Steingebäude, die einen sehen aus wie Kasernen die andern wie wunderbare Villen. Dann folgen gepflegt aussehende Holzbaracken. Am Ende dieser Prachtstraße kommen wir vor ein schwer bewachtes und bewehrtes hohes Gittertor. Da knallt ein Befehl: Raus aus dem Wagen, in Viererreihen. Wir standen vor den Pforten des *L*agers.

*Recht oder Unrecht, mein Vaterland\**

Diese Leichenhallenworte der Kindertreue sah ich auf der Schwelle zu jenem unbekannten Gebiet geschrieben stehen. So führte man uns in dieses bedrohliche *V*aterland, das zwischen gerecht und ungerecht nicht unterscheidet, wie ins Schlachthaus des Gewissens. Schaf, der Adler schwebt über dem Gesetz, hier musst du deine Furcht füttern und deine Feigheit pflegen, das hätte ich gewiss alles gedacht, wenn ich Zeit für einen Gedanken gehabt hätte.

Aber in diesem realen Alptraum hat niemand Zeit für einen Gedanken. Schon bricht unter den Tritten in den Bauch, gegen die Schienbeine, den Schlägen auf den Kopf die vorderste Reihe meiner Gefährten zusammen, Otto wird erwürgt, das ist sein Los. Hinter dem Gittertor ist alles dunkel. Im Laufschritt laufen wir in das *R*echte *U*nrechte wie man von einer Klippe in den bodenlosen Abgrund stürzt. Im Fallen sind die Schatten voll Geheul von Hunden und wilden Männern und Schreien der Gepeinigten. Ich hatte noch nie solche Schreie gehört, man erkennt sie sofort am Verzweiflungston im Herzen des Schmerzes des Körpers, es ist der Schrei, den vor Grauen und Trauer die Seele schreit, die bis ins Herz von der unvorstellbaren Gewalt der Unmenschlichkeit überrascht wird

Durch das triumphale Portal geriet ich aus der *Erklärung hinaus*

Meine Mutter lässt Freds, das heißt Siegfrieds Bericht seit 1986 auf einem Regal herumliegen, sie liest ihn nicht. Das ist doch zu nichts nütze, sie ist gegen das Messer in der Wunde.

Ich weiß nicht warum. Ich lese diese Erinnerungsschrift nun mit skrupulöser Sorgfalt, diese Lektüre ist so aufmerksam und anatomisch so verantwortungsvoll wie die eines Laborforschers, gewissenhaft erhebe ich jede Einzelheit dieses Korpus, ich kann nicht mehr als eine Seite pro Tag lesen, das heißt empfangen-nachleben-verinnerlichen, nicht einmal eine Seite, es ist eine sehr schwierige und heikle Operation der Wiederbelebung, mir liegt daran, sie ohne Leichtfertigkeit und ohne Schwäche durchzuführen, nach ein paar Stunden höre ich auf, ich bin ausgelaugt, meine Sinne, mein Gehirn, all meine Gedächtnismuskeln sind mit diesen grausamen Intensitäten gesättigt.

Vorher wusste ich nicht, was es heißt, ein *Aktionsjude*\* zu sein, auch Fred nicht, ehe er vor dem *P*ortal der triumphierenden Feindseligkeit ankam, wusste er nicht mehr als ein Prophet, welche Verwandlung auf ihn wartete

1986 schickt Fred an Peter Junk und Martina Sellmayer, Historiker in Osnabrück Niedersachsen, Autoren von *Stationen auf dem Weg nach Auschwitz* – Untertitel *Ent-*

*rechtung Vertreibung Vernichtung. Juden in Osnabrück 1900–1945*, Geschichte der Vernichtung der Juden von Osnabrück, einen Beitrag zum Kapitel „Die ‚Aktionsjuden' im Konzentrationslager Buchenwald. Augenzeugenbericht von Siegfried Katzmann."

(Exordium: „Beim Empfang im Lager wurden die Juden geschlagen und getreten. Viele von anderen Transporten kamen bereits blutig geschlagen an. [...] Nachts wurden Juden aus ihren Baracken geholt und zu Tode geschlagen. Das geschah in den ersten drei Tagen [...] fast stündlich." *Niederdeutscher Kurier,* Ausgabe vom 17.12. 1949.)

Als „Augenzeuge" ist es Siegfried, der spricht. Fred wird später kommen, nach der Auflösung von Siegfried.

Der Augenzeugenbericht von Siegfried Katzmann ist doppelt kostbar für die Historiker, zunächst in seiner Eigenschaft als wissenschaftliche Beobachtung. Der Bericht ist knapp und ohne Pathos. Dann weil von dieser speziellen Sorte *J*uden, die *A*ktionsjuden, das heißt *J*uifs *A*ctionnés, das heißt *A*ktionierte *J*uden genannt wurden (eine Spezies, die bei der Gelegenheit der *Kristallnacht\** im November 1938 bewerkstelligt wurde), heute nur noch ein oder zwei Exemplare übrig sind, deren Zustand gut genug ist, um der so kostbaren und schwierigen Arbeit des Archivars nützlich zu sein, einer davon Fred, früher lebend als Siegfried, der Aktionierte.

Ich hätte zwischen Keller und Lager ganz und gar sterben können und ich war bereits zweimal gestorben, als *J*ude und als *D*eutscher, es ist Iowa Fred, der davongekommen ist, Siegfried ist auf der Strecke geblieben, vielleicht dass Eve aus Osnabrück, die Hebamme geworden ist, von Deutschland nach Algerien, von zwei Katastrophen unbeschadet, mit ihrem Sinn für das Gerade-rechtzeitig und den Rechten-Augenblick, ihm helfen könnte, diesen Jungen aufzuwecken, der einen Glauben verloren hatte, dann könnten sie zu zweit, Ève und Fred 75 Jahre das ist die Kraft ihres Alters, eine Art modernisierte Adam und Eva bilden, Eva und Adam, und eine Kombination von feuerabweisenden Saaten zur Welt zurückbringen,

so sah vielleicht Katzmanns Alters-Traum aus, stelle ich mir vor

Ich hätte ihm-Fragen-stellen-wollen, und da haucht das berühmte Bedauern, das an so vielen Herzen nagt und sagt, wenn die Qual eines traurigen Dursts sie, lange nachdem die Quelle versiegte, ergreift, es ist zu spät, es gibt keine Zeit mehr, es gibt kein Wasser mehr, fortan leidet man an Augustinus' Melancholie, über die Derrida sich beklagte, *Sero te Amavi,* zu spät habe ich dich geliebt. Es ist immer so: Atemlos kommen die Fragen an, lange nachdem sich die Antworten zurückgezogen haben

zu spät, der letzte der aktionierten-*J*uden ist gestorben, es ist immer das gleiche die Eltern haben nichts gesagt, sie sprechen nicht von der Vergangenheit, Eltern sind Personen, die nicht mit ihren Kindern sprechen, Eltern wissen, dass ihre Kinder so viel anderes im Kopf haben, sie haben die Zukunft und niemand weiß, was das ist, die Kinder stellen den Eltern keine Fragen, weil die Eltern die Kinder nicht darum bitten, ihnen Fragen zu stellen, die Vergangenheit ist vergangen, weil die Kinder nicht fragen, was die Vergangenheit war, die Fragen führen zu anderen Fragen, man hat noch nie Antworten auf Fragen antworten gesehen, es ist immer das gleiche, sagt meine Mutter, bei den alten *D*eutschen und bei den alten *J*uden ebenso, Stillschweigen,

das Menschenwesen ist anachronistisch, habe ich bemerkt, man beerdigt jemanden und gleich danach sagt man sich, ach, schade, ich hätte fragen sollen, sagt meine Mutter, du tätest gut daran, mir *vorher* Fragen zu stellen, ich erinnere mich schon nicht mehr an den Namen deines Vaters,

– Und Fred, sage ich, erinnerst du dich an ihn?

– Fred, wir waren auf Hawai, und er musste unbedingt Zimmer im schlechtesten Hotel buchen


Wie viele Arten von Entfernungen liegen zwischen Hawai und Buchenwald?


– Seit 1933 studierte ich, und im Traum und in der Wirklichkeit rannte und rannte ich unaufhörlich, von einer Stadt zur anderen, von einem Viertel zum anderen rannte ich, selbst als ich in München zugelassen wurde, rannte ich in den Prüfungsraum, ich hielt schnell mein Referat, ich rannte wieder hinaus ich war in Hamburg, ich war außer Atem, bis zum 8. November hing meine Existenz an meiner Geschwindigkeit und meinem Durchhaltevermögen, ich verstehe mich darauf, in gutem Zustand zu leben, bis zwei Uhr morgens, die Schicksalsstunde, in der ich angehalten habe, um die *S*ynagoge aus der Zeit stürzen zu sehen, um zwei Uhr morgens habe ich den Irrtum begangen, meinen Lauf außer Acht zu lassen und innerhalb einer Viertelstunde ists aus, gefesselt, geknebelt, ausgelöscht, gleich nach dem Keller das Lager, im Keller kann man sich nicht mehr rühren, alle stehen, eingelocht, einer kann zugleich schlafen, Flatauer und sein Hocker, man leidet an Unbeweglichkeit, zwischen Keller und Lager, bald leidet man an Überunbeweglichkeit, man darf weder stehen noch sitzen noch liegen bleiben, auf einem Steinfußboden kauernd, ineinandergeschachtelt in den gespreizten Beinen des Hintermannes, so dass tausend Juden nicht mehr Oberfläche einnehmen als hundert Menschen von 10 Uhr morgens bis 16 Uhr 30, bis der Lehrer Trepp, dessen Kriegswunden aufreißen, stirbt, bis die hochbetagten Juden stöhnen, was streng verboten ist, bis der jüdische Haufen in ein Mosaik aus Stücken von gebrochenen gelähmten Leuten verwandelt ist,

bald ließ man das jüdische Vieh rennen rennen rennen, es hagelt Knüppelschläge, Todesandrohungen, die alten Menschen, die nicht folgen können, werden getreten und niedergeprügelt, ein Schlamm aus Juden bildet sich unter den Sohlen heute

wenn es heute wäre, würde ich es mit meinen abgenutzten Kniéen gar nicht bis zum Appellplatz schaffen, den ein Kettenhemd aus Stacheldraht umkleidet, beim Betreten des Lagers wäre ich langsamer geworden, ich wäre hingefallen, ein Gewehr wäre von einer mit SS-Blitzen dekorierten Schulter geglitten, ich wäre niedergeschossen worden, ich hätte bedauert, den Bericht von der *Aktion\** der Kristall-Nacht nicht verfasst zu haben,

ich jedenfalls denke nie mehr daran, erklärt Fred, meine Kniee erinnern sich jedes Mal, wenn ich neben Ève gehe, sie rennt, mir tun die Kniee weh, mein ganzer Körper ist ein Buchenwald-Mahnmal

– Es wird 2020 kein Wasser mehr in Bengaluru geben, warnt mich meine Tochter, ein befreundeter Anthropologe hat ihr die Information gerade geschickt, in zwei Jahren 20 Millionen Einwohner ohne Wasser

– Bist du sicher, dass du dich zu Recht 1938 anstelle von 2018 ängstigst? sage ich mir. Sollte ich unterbrechen, um mal mein Entsetzen upzudaten?

Ich will mir 20 Millionen Seelen in der Wüste vorstellen. Von einem Ort zum anderen zu gehen, übersteigt meine Einbildungskraft

Buchenwald und Bengaluru, das eine hallt am anderen wider

– Wir haben ihn nicht gekannt, sagt meine Tochter. Obwohl wir ihn regelmäßig sahen.

Er war mehrere Jahre lang die „vertraute Gestalt". Ein von Ève mitgebrachtes Stück, was hätte er Èves Familie sagen können?

– Wir müssen mal eine Runde um Fred drehen, sage ich.

– Er sprach das Englisch der Ausgewanderten.

– Laut *Auf dem Weg* soll Fred einen Bericht auf Englisch geschickt haben. Siegfried soll ihn auf Deutsch geschrieben haben, *now* hat *nun*\* hinter sich gelassen.

– Er hatte Lust, das Leben zu genießen, man redete über Restaurants, sie fahren nach Hawai, ich sehe die

Fotos von Fred mit dem Hawai-Hemd und der Blumenkette, einer der Gründe, warum nie einer versucht hat, Zugang zu ihm zu finden, man wusste nichts, es ist jemand, der keine Geschichten machte. Männer an Èves Seite, da haben wir ja so allerlei vorbeiziehen sehen.

Davon abgesehen, dass Ève gesagt hatte, er sei impotent, hatte er auch noch die große Qualität, keinerlei Geltungsdrang an den Tag zu legen.

Davon abgesehen, dass Ève nicht in ihn verliebt sein konnte, war er ein diskreter Intellektueller.

– Ihm war alles egal außer dem Leben, sage ich, *sauf la vie*. Ich hatte keine Ahnung. Später habe ich seine Briefe an Ève gelesen, Briefe eines Intellektuellen, der mit Leidenschaft nachdachte. Wir haben ihn nicht gekannt. Man kennt sich selbst nicht. Es ist Siegfried, der alles notiert hat, Fred hat den *B*ericht eines *Aktionsjuden\** bewahrt, der bis 1986 an niemanden adressiert war. Schließlich wird Benjamin der einzige Empfänger gewesen sein, ein Empfänger, der das völlige Gegenteil von Fred dem Glücksspieler war. *Aktionsjuden\**, die ganz aus dem KZ Buchenwald herausgekommen wären, sind selten.

– Siegfried der *E*rzähler, seine Erzählung ist frisch wie ein Märchen vor dem Aufkommen der Interpretation. Allein Robinson Crusoes Seele war so neugierig wie die eines Kindes. Nur dass Fred Siegfried keine Erfindung ist. Als er im KZ ankommt, steht ein echter Junge vor dem echten fatalen Tor. Sage ich.

– Ich erinnere mich an ihn, als er 1988 mit Ève nach Ithaka New York kam, sagt meine Tochter, da war er 76 Jahre alt, sie sind bei mir gewesen, ich erinnere mich an ein Essen in der Rue de Trévie, an dem Tag ist ihm das Portemonnaie geklaut worden, er hatte seine Jacke an den Garderobenständer des Restaurants gehängt, er mit seinem Kropf, ein kleiner hähnchenartiger Mann, lebhaft im Gespräch.

– Er ist kein Apoll, sagt Ève.

– Er war der zweitultrahässlichste unter den Anwärtern, sagt mein Sohn, aber das Gegenteil vom oberultrahässlichsten, der mir verhasst war, ich fand ihn sympathisch, ein wacher Blick, kurzer, ruckartiger Gang wie bei einem Huhn. Bei einer Marionette.

– Es gibt nichts Ruhigeres in den USA als den Midwest, sagt meine Tochter. Warum Des Moines, Iowa? Eine Kleinstadt, in der nichts los ist.

– Genau deshalb. Damit nichts passiert.

– Damit er nicht eines Nachts gezwungen ist, die Beine in die Hand zu nehmen und mit dem Rennen wochenlang nicht mehr aufhören zu können.

– Am Ende ist er von seinen Beinen eingeholt worden, sagt Ève. Am Ende musste er mehrmals operiert werden.

– Er war erstaunlich hässlich, eine Hässlichkeit, die weder schmutzig noch abstoßend war, eine amüsierte, mythologische Hässlichkeit, diejenige eines der Revolutionäre von 1789, sehr sophisticated, sagt mein Sohn.

Eigentlich kannte ich ihn gar nicht. Für mich ist er nie Fred gewesen. Ich sagte Herr Katzmann zu ihm.

Ich wusste nichts von ihm.

Ève hat nie etwas von seiner Geschichte erzählt.

– Ich hatte nie ein politisches oder literarisches Gespräch mit ihm.

Ich habe nie erfahren, was er dachte

Er war in vorgerückten Jahren erschienen.

Mit seinem üppigen Haar, seinem kinnlosen Gesicht

ähnelte er den Marionetten, die ich während des Krieges für euch bastelte, sagt meine Mutter. Ich nahm einen Draht und umwickelte ihn mit Wolle das Gesicht war ein Stück Vorhangstoff innen stopfte ich es mit Baumwolle aus, ich nähte Haare aus Wollfäden dran, ich habe Puppen gemacht ich habe die Großmutter gemacht, Becassine, die Verliebte, Hitler, es waren aktuelle Gestalten ganz unterschiedlicher Art, aber wegen des Vorhangszipfels hatten sie alle recht wenig Kinn, die Kinne flohen, Hitler auch, als ich Fred in Osnabrück begegnete, fiel mir sofort diese Besonderheit auf, man kann sich nicht vorstellen wie man etwas erfindet und später findet man es in der Wirklichkeit, Fred, der meiner Hitlerpuppe vor dem Schnurrbart ähnelt, ich hatte etwas gemacht, das später zur großen Mode wurde, ich hätte sie patentieren lassen können damals war es neu, aber wir sind keine Geschäftsfrauen.

Er kam aus einem Vorher vor allen Vorhers.

Für Ève existierte dieses Vorher nicht.

Vielleicht gelangte mit Ève Herr Katzmann zu seiner Kindheit zurück. Für Ève diente Fred zum Reisen. Istanbul. Buenos Aires. Mallorca. Ohne irgendeinen Bezug zur Wurzel. Man konnte sich nichts außergewöhnlicher Dissymetrisches ausmalen.

Herr Katzmann war selber die Dissymetrie in Person.

Herr Katzmann schickte lange maschinengetippte Briefe, die in seinem neutralen Analytikerton politische Betrachtungen entwickelten. Sagt mein Sohn.

– Ich erinnere mich: ein fortwährend ironischer Mann ohne jeden Anflug von Bosheit.

– Was mag das wohl heißen, in dem Alter zu heiraten? sagt mein Sohn. Die Idee eines behinderten alten Mannes? Das ist doch kein Lebensprojekt.

– Eine Geschichte, die durch die Macht der Dinge zu Ende gegangen ist, sagt meine Mutter.

– Ich bin ihm begegnet, gesteht Martina Sellmayr ein, wie sollte ich es leugnen? Ich erinnere mich, anlässlich seiner *R*ückkehr nach Osnabrück 1985, er gehörte zu denen, die die Stadt eingeladen hatte, die letzten *J*uden von Osnabrück, just vor dem natürlichen Aussterben, ich war mir stets bewusst wenn ich einen *J*uden sehe, fühle ich mich stets privilegiert.

Das macht sich ja nicht so leicht, zurückkehren, Leuten begegnen, die zurückkehren und denken, dass es nicht einfach ist zurückzukehren, und wieder fortgehen, nur zurückkehren, um wieder fortzugehen, ich frage mich, wie das wohl im Gedächtnis vor sich geht, das ganze Hin und Her.

Ich fühle mich sehr privilegiert, sagt Martina, weil ich mir dessen bewusst bin, dass es etwas Schreckliches gegeben hat, *something terrible,* oft sagt man die Worte auf Englisch, es ist wirklich schmerzvoll, durch die Flure des Gedächtnisses zu gehen, sage ich mir, man ist verpflichtet, da muss man durch,

wir sind nicht um der Erinnerung willen gekommen, sagen die Zurückkommenden, die R*evenants*, wir kommen nur, um uns selbst davon zu überzeugen, dass die junge Generation informiert worden ist, es ist eine Überzeugungstournee, wir haben lieber kein Vertrauen, und danach dann Vertrauen,

die Stadt ist sehr schön geworden, sagen sie, ich verstehe, sagt Martina, ich denke an ein Dokument über die

jüdischen Frauen und ihre Kraft, es ist nicht einfach, sage ich, nein, es ist nicht einfach, sagen die jüdischen Frauen, ich möchte von Osnabrücks-jüdischen-Frauen sprechen, sagt Martina.
– Wollen Sie von meiner Mutter und meiner Tante sprechen? denke ich, aber ich sage nichts.

Es ist schwierig, Martina Sellmayer, der Adoptivhistorikerin und wachsamen Hüterin der *Juden auf dem Weg von Osnabrück nach Auschwitz*, zu sagen, dass Ève und Eri gar keine jüdischen Frauen Osnabrücks sind, früher waren sie deutsch, dann französisch, ohne Vaterland, britisch, Ève in der Folge dann weder deutsch noch französisch, etwas anderes vielleicht Hebamme, international, sind nie jüdische-Frauen gewesen, was sie in Osnabrück gewesen sind? ich sehe sie, sie sind das, was Proust junge Mädchen in Blüte nennt, ein wenig jungenhafte junge Blüten, ein wenig Fisch ein wenig Fohlen, gute Näherinnen mehrsprachige Weltbürgerinnen, man sah sie mit dem Fahrrad um den Dom fahren, hätten sie doch beim Herrn Cantor reiten können, dem Pferdezüchter, Eri hätte sich gern als Fliegerin geträumt,
  mit achtzehn kommt beiden Ève und Eri der Gedanke, Osnabrück zu verlassen, ja zu entfleuchen, zu wachsen, ihr Sein in die Ferne ins Weitere zu erstrecken, und vielleicht nie wieder zurückzukehren außer um Omi zu besuchen, auszufliegen und flügge zu bleiben, 1929 ist meine Mutter bereits in Frankreich, um sich so bald wie möglich nach England abzusetzen, Nikolaiort und den Dom weit hinter sich zurücklassend, und wenn nicht von der *Synagoge* die Rede ist, liegt es daran, dass man mit dem Fahrrad nun einmal den Dom umradelt, denn die *Synagoge* steht eingeklemmt zwischen mehreren Gebäuden in der Rolandstraße und ist zu solch köstlichem

Sportzweck daher nicht zu gebrauchen, und meine Tante folgt meiner Mutter


– Ich kann nicht verstehen, dass die Leute bis zum Krieg geblieben sind, sagt meine Tante, ich bin Anfang 33 fort, es war schon die Zeit *„Kein Jude erlaubt"*\*, die Den-Juden-verbotene-Zeit; kein Schwimmbad, kein Kino, in unserer Klasse war man bereits nicht befreundet, man war nicht verfeindet, man sprach nicht mehr miteinander, man fühlte sich sehr deutsch, jüdisch war die Religion, in Paris bin ich einem Mädchen begegnet, das einen Akzent hatte, ich frage *Was sind Sie?* sie sagt zu mir, ich bin Jüdin, ich sage ich bin Deutsche, ich denke vielleicht ist Hitler nicht deutsch, ich aber bin, ich kann das nicht verstehen, ich frage nach der Nationalität, nie hat sie gesagt ich bin Russin, *die Gedanken sind frei, / wer kann sie erraten*, das war unsere Melodie, *Sie ziehen vorbei wie nächtliche Schatten*, ich weiß nicht mehr wann ich nicht mehr sagen konnte ich-bin-Deutsche, *heute*\* wenn ich mit Ève spreche, fühle ich Eri mit Ève deutsch, eine außerzeitliche Nationalität zu zweit, das kann man aber nicht sagen, nicht einmal wir selbst verstehen was wir fühlen


*Choix de Juifs – Was* Juden wählten

Im Allgemeinen ist der *Jude-aus-Osnabrück-der-Wiederkehrt* ein *Eingeladener*, er macht einen Rundgang durch die ganze Stadt, ist ein *Wiederkehrer* von kurzer Dauer, fährt befriedigt wieder ab, die Stadt ist noch schöner geworden, man kann ruhig wieder fortgehen, denkt Martina Sellmayer, manche gehen erleichtert wieder fort, man hat seine Pflicht getan, man hat eine Rolle in dem Drama gespielt, *der Mohr hat seine Pflicht getan\**, sagt Eri – es ist nicht *Pflicht\**, es ist *Schuldigkeit\**, sagt Ève, *quelle différence?* sagt Eri auf Französisch, plötzlich hat man das Bedürfnis, Deutsch zu sprechen, um sich zu streiten, das Thema ist: Hat man das Recht, Schiller ungenau frei zu zitieren?

– Der *Mohr\**, das sind nicht wir, sagt Ève. Laut meiner Mutter ist dieser *Mohr\**, der jetzt, wo er seine Schuldigkeit getan hat, gehen kann, Osnabrück.

Einen gibt es, für den sich das Problem vom Zurückkommen oder nicht Zurückkommen nicht ergab, Remarque hat nie wieder einen Fuß in seine Geburtsstadt gesetzt, ein Schriftsteller von ungeheurem Ausmaß, nicht weil er die Macht der Kunst für sich hatte, oder vielleicht doch, aber ganz gewiss weil er die absolute Freiheit in sich hatte zu entscheiden und nicht zu vergeben, da ist einer, der keinerlei Verpflichtung hatte, der sich nicht den Kopf zerbrochen hat über der Frage der Schuld, des Vergebens, dessen, was man schuldig ist, wer wem was schuldig ist, der *Schuldigkeit\**, für ihn war alles ganz einfach und ohne Zaudern, weder Geist der Rache noch Geist des Erbarmens, ein glänzendes durchscheinendes Nein, makellos wie ein Diamant ohne jede Unreinheit.

– Um auf Fred zurückzukommen, sage ich.

– Ich habe ein Foto von der Gruppe, sagt Martina, es wird mir bestimmt gelingen, Herrn Katzmann wiederzuerkennen. Es wird mir wieder einfallen.

Es ist nicht einfach, ein Zurückkehrender-*Jude* zu sein, sage ich mir, dazu muss man überhaupt erstmal *Jude* sein oder sein wollen, und nicht nicht sein wollen, und vielmehr als zu sein oder nicht zu sein, antworten, machen, halten, die Zeitleiter hinauf- und hinabsteigen, zumindest für eine Weile, daran glauben, aufrichtig, jedes Mal eine ganz besondere Art von *Jude* präsentieren, in jedem Fall ist es anders, ein sogenannter Nach-Osnabrück-Zurückkehrender-*Jude*-aus-Osnabrück zu 10 oder 20% plus 10 oder 60% Amerikaner, 10% Schwede zu sein, das ist nicht dasselbe wie ein Nach-Köln-Zurückkehrender-*Jude*-aus-Köln zu sein, der zurückkehrt, um sich dort 1951 wieder niederzulassen wie mein Onkel Bernhard, Eris Ehemann, in seiner für einige Zeit unterbrochenen Geschichte, über Palästina, dann Israel, von da Köln zu gehen, was sein Freimaurer-Leben nicht unterbrochen hat, diese Art Zurückkehrender-*Jude* hat es in Osnabrück nicht gegeben, und es wird sie nicht mehr geben, die Spezies existiert nicht mehr, es bleibt der Schatten.

Die Spezialisten dieses Themas sind auch nicht von unbegrenzter Dauer, einige Jahre lang haben sich Peter Junk und Martina Sellmayer ganz und gar ihrem Thema hingegeben, niemand auf der Welt soll so viel wie sie über die *Juden* in Osnabrück gewusst haben, von 1900 bis 1945 ungefähr, die beiden Experten lebten nebenbei öfter in den Jahren 1930, 1940 als in den Jahren 1980, bis Peter Junk sich mit dem Fahrrad umbringt und Martina Sellmayer das Thema wechselt, sie waren fast-jüdisch und mehr-als-jüdisch, was für Gelehrte, die nicht jüdisch sind, einfacher ist als für *Juden*, die nicht frei sind, es zu sein.

Welche Beziehung besteht zwischen jemandem, der 1929 von der beflügelnden, vertrauten *Wanderlust\** bewegt aus Osnabrück-unter-Weimar aufbricht, und jemandem, der das Reich 1939 durch das stacheldrahtgestreifte Unterirdische Buchenwalds verlässt? Man versteht einander nicht gut. Als Ève 1934 zurückkehrt, um noch einmal und zum letzten Mal Omi zu besuchen, spielt ihre Mutter meine Großmutter Bridge, wie gewohnt, etliche Damen spielen noch, es könnte schlimmer sein, sagt meine Großmutter, sie versteht Ève nicht. Ève versteht Fred nicht, das heißt Siegfried. Um die Wahrheit zu sagen, weiß Fred schon lange nicht mehr genau, was in Siegfried vor sich ging. Er entwirrt seine Gefühle gegenüber Siegfried nicht. Es kommt vor, dass er zweifelt, aber woran? an wem?

Las Siegfried Zeitung? Selbstverständlich. Im Juli 1937 hat man in Buchenwald ein neues Konzentrationslager eröffnet. Siegfried hat mit den Behördengängen begonnen, um ein Visum für die USA zu bekommen. Währenddessen beantragt Herr Katzmann ein Visum für Peru. Ich hätte gern nach dem Grund für diese Wahl gefragt.


An der Einrichtung wird noch gebaut, das heißt, es wird zerstört. Die SS hat alle Bäume auf dem Ettersberg gefällt, außer einem, *sauf un*. Fast möchte man sagen eine Allegorie: Die *Rasse\** wird abrasiert. Aber tun was zu tun ist, ist eine Pflicht und Schuldigkeit und keine Metapher. Die SS hat ihre Aufgabe erfüllt. Jetzt ist es an den ersten „Bewohnern", sie zu vollenden: schleunigst *Rassen\**käfige errichten. Ich weiß nicht, ob diese Erst-Bewohner, die

Straftäter und Verbrecher, wissen, für wen sie fabrizieren, für welche Spezies von Unter-Ungeziefer sie die Baracken bauen. Karger geht es nicht, man möchte fast sagen, die Fächer sind für Hühner vorgesehen. Alles, was steht, ist zu fällen. Außer dem *E*in *B*aum. Es geht darum, nicht an den *B*aum-von-*G*ut-und-*B*öse zu rühren. Das sonderbare Lager-ohne-Bäume-außer-*E*inem wird Buchenwald heißen, also Fantom-Wald.

Erst zu spät verspüre ich das Bedürfnis Fragen zu stellen ich frage mich warum jetzt, wer wacht da oben oder am Grund unserer selbst darüber, dass wir wie die Irrsinnigen dem Dämon der Unzeit gehorchen?

Welches Gesetz oder Maß wird mich urplötzlich zu dem Entschluss bringen, das Osnabrücker Land zu verlassen, zu fliehen, von mir zu weisen, zu verfluchen? Oder wenn nicht zu dem Entschluss bringen, mich antreiben? Mich verpflichten, mir nahelegen?

Es gibt so viele Gründe, Gelegenheiten, unmittelbar anzuwendende Verordnungen, *sofort\**, ab morgen, und für alle Geschmäcker und Empfindlichkeiten. Wäre ich Herr Nussbaum Vater Eisernes Kreuz dann wäre es der Ausschluss aus dem Kavallerie-Verein, der mich krank machen würde, als hätte man mir ins Gesicht und auf meinen Uniformkragen gespuckt. Ich würde ein Abschiedsgedicht schreiben, das ein in bedingungslose Liebe zu (einem in die Nazi-Klammern gesetzten) (Deutschland) sublimierter Hass zusammenreimt, ich würde fortgehen, ohne mich umzusehen, mich ein einziges Mal umsehend in dem Augenblick, in dem ich die Grenze überschreite, mit der Bewegung eines Reiters, der mühelos eine Hecke überspringt, auf meine Hufe zurück fiele ich in der Schweiz, wo ich abwarten würde.

Das Schwimmbad-Verbot für *J*uden ist für Eri der letzte Tropfen gewesen, sie ist 20 Jahre alt, sie will auf dem Ball tanzen und nie mehr als Statisten-Jüdin auftreten wie beim letzten *T*heater-Abend geschehen.

Man hat die Wahl. Das Los vom Pastor Leo beispielsweise, als Seelsorger für die Krankenhäuser und Gefängnisse der Stadt verjagt, man weigert sich, den Eid auf Hitler abzulegen, wie einige meiner Kollegen aus dem Osnabrücker Kreis. Fügen wir hinzu, dass bei der Frage, die fortan das Schicksal und den Platz jedes in der Stadt befindlichen und also der Polizeigewalt unterstehenden Individuums festlegt, entscheidet, ihm vorausgeht, Vorrang hat: Wer sind Sie? der Pastor Leo das Kästchen ankreuzt: *„nichtarisch"**. Leo ist ein Wederarier Nochjude, Pastor vielleicht, aber zuerst *Misch**, das heißt nicht *Fisch** nicht *Fleisch**, *Flisch** vielleicht, eines dieser Wesen, die aus Verirrungen zwischen Reinen und Unflätigen geboren sind. Ist eine solche Unentscheidbarkeit der Grund dafür, dass er sich nie entschieden haben wird? Als Siegfried ihm die Frage stellt, sind sie bereits in Buchenwald auf den Brettern der Schlafgestelle fast miteinander verflochten, in einem Haufen noch lebender Wesen, die bereits wie künftige Begrabene übereinandergestapelt sind. Siegfried war es, der geflüstert hat, Leo, der niedergeknüppelt wurde. Der gebliebene Verjagte.

Ich hätte das nicht ertragen, sage ich mir, beschwören würde ich es allerdings nicht.

Und für die Schule, die den jüdischen Kindern verboten ist, mit Abschaffung der Einschulungserlaubnis, und Verbot jeglicher Art von Ersatz das Esszimmer inbegriffen und Deportation von Herrn Trepp dem einzigen noch bestehenden Lehrer und die Streitigkeiten von Heinrich Wolf noch ein Misch* Jude-ersten Grades verurteilt zu drei Jahren Zwangsarbeit, weil er 1937 die Erlaubnis beantragt hatte, eine Arierin zu heiraten, und daher 1938 ins KZ Sachsenhausen gebracht, weil er ein schamloser Gemischter gewesen ist und immer noch war, das wusste ich nicht sagt Siegfried, wir waren nicht im selben Lager


Anstatt ein Visum zu beantragen, um fortzugehen, eine Erlaubnis beantragen, um zu bleiben, sagt meine Mutter, das ist diese Manie, das Gesetz zu befolgen, immer befolgen die Deutschen ordnungsgemäß die Anordnungen, mein Vater auch und dabei war er nicht einmal Deutscher, als Österreicher ist er noch deutscher geworden, meine deutschen Onkel auch, die Juden auch, allesamt noch deutscher.

1934, da war ich in Dresden wo Omi zu Besuch war, das ist mich teuer zu stehen gekommen, weil es dann immer hieß, ich sei als aus Dresden ausgereist registriert, aus dem Osten ausgewandert, ich bin dort für vierzehn Tage auf Besuch gewesen, aber als gute Bürger, die wir waren, haben wir uns bei der Polizei gemeldet, vierzehn Tage lang war ich erneut eine Gemeldete-Jüdin, später war ich dann als aus Ostdeutschland ausgereist gemeldet, aus dem Osten kommend hatte ich Recht auf nichts, und bis jetzt bin ich eine aus Ostdeutschland ausgewandert gemeldet worden Seiende, das ist wirklich die Höhe

All diese guten Bürger, diese Kultur der Disziplin, wissen wie man gehorcht, diese Ästhetik, dieses Halte-dich-aufrecht der Seele, all diese Jüdisch-Gemeldeten, die mit

Leib und Gut bei der Polizei vorstellig werden, sie tun das als *D*eutsche, es sind die *D*eutschen in den Jüdisch-Gemeldeten, die sorgfältig darauf achten, nicht zu spät auf dem Kommissariat zu erscheinen

Später hat Ève aufgehört sich zur Polizei zu begeben, als 1972 die algerische Polizei sie zum zweiten Mal einbestellte, hat sie ihren Koffer gegriffen und sich umgehend zum Flughafen aufgemacht, und zwar endgültig,

ich bin gekommen, um Omi davon zu überzeugen aufzubrechen, aber vergeblich, sie hält sich die Ohren zu, hätte es nicht die *Kristallnacht** gegeben, es ist wirklich die Höhe, und Onkel André, der nicht aufbricht, der nicht aufbricht, der nach Palästina aufbricht, um zur *Kristallnacht** zurückzukommen, der 1941 schließlich in das *Judenhaus** der Kommanderiestraße geschafft wird, das kleine Zwangsghetto für die *J*uden von Osnabrück, das bereits 1939 angekündigt worden war.

Ich kenne jemanden, der aufgebrochen ist, als man das Tennisspielen total verboten hat

es gibt eine Familie, die aufgebrochen ist, als man das kleine Standbild des Dr. Pelz vom Sockel gestürzt hat, es lächelte im Hof des Krankenhauses, das er gegründet und bis zu seinem Tod 1936 geleitet hatte, die Familie hat gedacht, dass man Vater und Mutter schnell töten würde, selbst als Christen,

aber am Morgen vom 10. November 1938 hat Herr Walter Gerlach, der Direktor des Mädchenlyzeums, seine Klassen an den rauchenden Trümmern des *T*empels vorbeigeführt und gesagt: Jetzt sind wir endlich von der Vorherrschaft des internationalen Judenpacks befreit, *Nun endlich sind wir befreit**, hat er angestimmt, vorbei die Diktatur der Synagogen, es gibt welche, die es gehört haben und nicht aufgebrochen sind.

– Weißt du wie viele Synagogen in jener Nacht auf ein Mal in ganz Deutschland in Brand gesteckt worden sind, sodass das Land aussah wie ein Fest mit Feuerwerk?
– Ich würde mal denken hundert, sagt meine Tochter.
– 280, sage ich.
– Aber Omi weiß nicht, sie hält sich die Ohren zu und wenn der französische Konsul ihr nicht *einen Brief geschrieben* hätte, was hätte sie dann bewogen fortzugehen?

Wie viele macht das, 280, auf dem Schauplatz in meinem Kopf? Vor mir liegt die Landkarte von Deutschland, und im Nordwesten liegt, nicht allzu fern von Amsterdam, nicht fern von Bremen ganz nah an Münster, die Stadt Osnabrück, es ist Nacht, alles schläft, und auf einmal flammen überall Hunderte von Fackeln auf, oder vielleicht Tausende. Es ist außerordentlich spektakulär
– 280? Oder 1400? Den Daten zufolge, die in dem Band versammelt sind, den das *Abendgymnasium\** von Osnabrück in Herbst 2002 zusammengestellt hat, *Die Novemberpogrome 1938\*: Brandstiftung, Plünderung, Verfolgung in Osnabrück*, kommt man unter dem Strich zwischen Deutschland und Österreich durchaus auf 1400. Und 30 000 jüdische Männer verhaftet und deportiert.


Ich gehe zu den Toten, als sie am Leben waren hielten sie sich nicht für Erzähler. Jetzt befrage ich ihre Schweigen. Es kommt vor, dass manche Schweigen überhaupt nicht stumm sind. Siegfrieds Schweigen spürt man beispielsweise an, dass sie nicht feindselig sind, auch nicht geizig, eher ein bisschen bescheiden.

Was-sie-nicht-sagen, die *Aktionierten Juden*, ist nicht ganz dasselbe Nicht-Sagen wie dasjenige der *Juden* nach Buchenwald. Es ist wie das Hungerleiden. Es gibt so viele Abstufungen in diesem Leiden, der Ausgehungerte entdeckt allmählich neue Empfindungen in der inneren Folter, als Siegfried im Siebten Kreis ankommt, hat noch niemand ihm davon erzählt, er wusste nicht, dass das Leben manchmal um zwei Löffel Suppe weniger verloren ist und umgekehrt sind drei Löffel Reissuppe manchmal ein Visum für zwei oder sogar drei Tage. Beim Hunger-3.- Grades stellt er seine Berechnungen an.

Aber man wird niemals die Antworten oder Erklärungen derer hören, die-nicht-zurückkehren nach Osnabrück, weil sie nicht fortgegangen sind. Die Nussbaums, zum Beispiel? Und die Jonas. Und Raphael Flatauer?
An sie wende ich mich seit Jahren, an diejenigen, die geblieben sind, als ihre Freunde fortzugehen begannen, diejenigen, die ihre Kinder oder ihre Brüder zum Bahnhof von Osnabrück begleitet haben, diejenigen, die den in alle Richtungen fortfahrenden Zügen hinterherblickten, mit Anschluss nach Frankreich oder Amsterdam, denn Osnabrück ist ein Eisenbahnknotenpunkt, man kann über Mannheim, Essen, Frankfurt, Köln, Bremen fahren, ein Dutzend Pforten und von dort dann weiter, und von da bis nach Chile oder Südafrika, sie sind auf dem Bahnsteig geblieben, sie haben gewunken und ge-

lächelt, und die anderen, ihresgleichen, haben aus dem Zugfenster gewunken und da der Zug sich in Bewegung setzte, haben sie etwas gerufen, ich weiß nicht was, nicht „bis bald", sondern „gute Reise"! und welche Worte mögen die Abfahrenden wohl, das wüsste ich gern, lächelnd im Rauch gerufen haben und wenn sie zu Fuß vom Bahnhof zum Nikolaiort zurückkehrte, was dachte Omi meine Großmutter da wohl? dieses oder jenes oder jenes, und vielleicht darf man daran nicht denken – diese Sachen, diese Freunde –, noch jemand, der beim Bridge ersetzt werden muss, aber Frau Engers war ohnehin nicht begabt – man darf sie nicht denken, das würde uns *meschugge** machen,

diejenigen, die „nach Hause" zurückgekehrt sind, obwohl man objektiv nicht mehr nach Hause zurückkehren konnte, ich höre nicht auf mir zu sagen, dass ich sie nicht verstehe. Aber warum verstehe ich sie nicht? Und warum kehrt mein Geist seit so vielen Jahren zurück, um sich an der Glasscheibe dieser Szene zu stoßen?

diejenigen, die wie auf die *Kristallnacht** gewartet haben, um sich ganz plötzlich für das Fortgehen zu entscheiden, diejenigen, die erst fortgehen wollen konnten, als man nicht mehr fortgehen konnte, die Katzmanns zum Beispiel und Omi meine Großmutter

außer Siegfried der erst fortgehen konnte, als es unmöglich war, indem er über Buchenwald ging, um aktioniert zu werden.

Meines Erachtens verstehen die Osnabrücker *Juden* Ende 1938 nicht die *Juden* von 1940, die *Juden* nach Datum verstehen sich untereinander immer weniger, sie winken einander auf Bahnsteigen, auf Bergen, auf Flüssen zu, sie rufen einander, sie hören sich nicht meine Mutter hat nie verstanden inwiefern warum ihre Mutter Rosi Klein geborene Jonas nicht verstand, es war nicht wegen der *S*ynagoge, man kann nicht sagen, dass sie schließlich fortgegangen ist, es gelingt mir nicht, in Omis Inneres zu gelangen,

Nikolaiort 2, vom Fenster aus schaute sie auf das Uhren- und Schmuckgeschäft Kolkmeyer NSDAP Ortsgruppenleiter, sie sah nicht, dass sie das Banner des Reichs vom Fenster bis auf den Fußboden herabhängen sah, sie sah nicht, dass sie nicht sah, was sie sah, seit 1938 sah sie weder 1933 noch 1942, eine so vornehme Frau, vielleicht murmelte ihr Ehemann, der 1916 für Deutschland gestorben war, Eisernes Kreuz, sorge dich nicht, ich bin noch immer da, um dich zu beschützen,

es gibt auch all die Opfer des Eisernen Kreuzes, diejenigen, die an das Kreuz geglaubt haben und glauben wollten, trotz der Warnungen der *Aktionen\**,

persönlich gesehen, sagt meine Mutter, gab es, als ich 1934 nach Dresden gefahren war, noch nicht viele Aktionen – und meine Mutter spricht das Deutsch von 1934, man hat von den *J*uden verlangt, eine Aufstellung ihrer Güter zu machen –, ihres Silberbestecks – das hast du mir schon gesagt, sage ich – du hörst mir ja nicht zu, sagt meine Mutter, nur das Silber, der Schmuck, das einzige, was ich persönlich weiß, ist, dass Omi eine Nähmaschine für Éri kaufen wollte und mein Onkel, der in Essen Direktor der Bank in Rente war, eine Art bürgerliches Eisernes Kreuz, und er hatte das Hab und Gut meiner Mutter in seinen Tresor gelegt. Als er zu seinem Tresor kam, hat ihm die Bank gesagt, den können Sie nur in Anwesenheit der Gestapo öffnen. Und so sind Omis Hab und Gut für immer im *S*afe geblieben, der nur für ihn selbst *safe* war. Und Omi ist geblieben als sei Osnabrück ein *safe* für sie

– Hörst du mir zu? sagt meine Mutter, bei diesen Worten erwache ich aus meiner fernen Träumerei, ich habe nicht zugehört, als meine Mutter mir von der Familie Flatauer erzählt, von den Nussbaums, ich bin zerstreut, später werde ich nie mehr in der Zeit zurückgehen können und auf ewig werde ich nicht wissen wie die Geschichte endet, ich sehe die leichenübersäten Straßen, der Journalist, der eine geheime antinazistische Rubrik unterhielt, ist zusammengeschlagen worden, man hat ihm die Knie gebrochen, er ist nicht weit weg von unserm Haus gefallen, ich weiß seinen Namen nicht mehr, in der Ilias sind alle Namen sicher bewahrt, hier in dem zerfaserten Poem von Osnabrück gibt es überall Löcher, man hört nicht zu, vierzig Jahre trennen uns, nicht nur zwischen Zeiten und Generationen, auf der Straße selbst, im Haus, bei Tisch gibt es immer diese dicken Schichten zwischen uns, Omi hört meiner Mutter nicht zu, diese weiten neutralisierten, kaltgemachten Ebenen, die das Ich mit einer Zone der Gleichgültigkeit umgeben, selbst die Demonstration von 1935, die 30 000 Osnabrücker auf dem Ledenhof versammelt, das heißt die *ganze* Stadt, die alt genug ist, um sich auszudrücken, dringt mit ihrem entsetzlichen Todeslärm nicht bis zum Seelentrommelfell, es ist ein wenig laut, man hört den Nazis nicht zu, sagen manche, man hört den *Juden* nicht zu, man hört niemandem zu.

Mein Onkel konnte es sich nicht vorstellen. In Anbetracht seiner Verdienste im Ersten Weltkrieg war er Offizier und wusste, als er deportiert wurde, nicht wie ihm geschah. *Erstaunte Juden*, von denen gab es allerhand.

Ich selbst lebte nicht mehr in Deutschland. Die Freunde verstehen nicht warum. Als ich 1935 in Algerien ankam, wollten die Leute nicht wissen. Es gab viele jüdische Flüchtlinge in Oran, man wusste nicht warum, die Juden von Oran stellten keine Fragen. Die geflüchteten *Juden* waren Geflüchtete, keine *Juden*. Bis 1938 ist Omi sich nicht im Klaren gewesen, ansonsten wäre sie vorher fortgegangen. Sie ist mitsamt ihren Möbeln fortgegangen, denn sie hatte ja dank der *Kristallnacht*\* das Recht auf einen Umzug und auf einen französischen Pass, man kann nicht sagen, dass sie am Ende fortgehen wollte, das ist ihr nicht in den Sinn gekommen, es war der französische Konsul in Dresden, der ihr gesagt hat: „Madame Sie sollten fortgehen", der Onkel sagte wir bleiben, die *Juden* waren sehr gehorsam, Sie sollten und schon machten sie, was sie sollten, und einmal hat der Konsul gesprochen und Omi ist gefolgt. Ich habe ihr gesagt komm zu uns und sie hat auf den Konsul gehört.

Die Jungen sind vorher fortgegangen, die Hälfte meiner Cousins und Cousinen hat nicht gewartet, sie haben sich gesagt wir kommen zurück, wenn es vorbei ist, ich komme nicht zurück, dachte ich, mit Deutschland ist's aus, schon 1929, das war im Voraus schon zu sehen, die Kristallnacht\*,

die Hälfte der Jungen ist geblieben keiner ist zurückgekommen, es gibt Leute, die den Mut hatten, lieber fortzugehen als schikaniert zu werden, es gibt Leute, die dachten, sie hätten den Mut, trotz der Schikanen nicht fortzugehen,

oft sind die Kinder nicht mit den Eltern einverstanden, aber davon wird noch zu sprechen sein, wenn *Etwas*\* vorbei ist, ich weiß nicht, welche Wege ich geschrieben hätte, wenn meine Mutter nicht als eine der ersten und vielleicht als erste aus Osnabrück fortgegangen wäre

ich hab überhaupt nicht mehr gedacht, dass ich Deutsche sei, sagt meine Mutter. Auch nicht Französin. Schon als ich 1929 fortgegangen bin, um die Welt zu besichtigen, kann ich nicht sagen, dass ich Lust gehabt hätte, Deutsche zu sein, die braunen Hemden, Uniformen anziehen, im Gleichschritt marschieren, Goethe, glaubst du, der hätte sich sowas ausmalen können? Das war nicht auszumalen. Goethe, da haben sich die Deutschen selber die Wurzeln abgeschnitten

*Die Goethe Eiche*

Ich kenne Alte, die sagten, aber Deutschland ist doch trotzdem das Land von Goethe, Goethe diente ihnen als universelles Eisernes Kreuz

Aber Buchenwald liegt direkt neben Weimar, mitten im Wald-ohne-Bäume hat man die Goethe-Eiche bewahrt
   es ist, als sei Goethes magischer Geist ohnmächtig geworden. Man hat ihn nach Buchenwald deportiert.

Ihr liebt also Goethe? fragt sich Siegfried als die beiden Polizisten\* ihn 39 aus Buchenwald in die Gegenrichtung zurückbringen, einen kleinen Haken über Weimar schlagen, um zu tanken, und die Gelegenheit nutzen, um vor den Goethe und Schiller Stätten* Halt zu machen. Die Frage pocht ganz nah an Siegfrieds Herz, sie schwingt sich nicht auf.

Noch eine Frage, die fruchtlos geblieben sein wird, es gibt sicherlich eine Antwort, eine eingeschüchterte. Aber was sagt Goethes Seele dazu?
 Goethe konnte es sich nicht vorstellen. Hundert Jahre nach dem Ende seines köstlichen
  und großartigen Lebens, hundert Jahre ist nichts. Wenn er zu seiner hundertjährigen Eiche kam und sich darunter setzte, um mit Eckermann zu plaudern, sagte er: In hundert Jahren junge Dichter glühend, großartig verheißungsvoll, hier selbst in diesem alterlosen Wald


Ich weiß nicht, welchen Mut es braucht, um in dem ausgeräucherten Bau zu bleiben, während der Menschenfresser Kolkmeyer hämisch lachend an dem großen Kaufhaus vorbeigeht, das er in Schutt und Asche zu legen träumt, oder es ist eine Art paradoxer Mut, einer dieser aus Feigheit, Fatalismus, verkümmerter Einbildungskraft gemischten Mute, oder vielleicht welchen Schrecken es braucht – in kleinen Stücken und ab in die Pfanne, nun brutzelt, *Ju*-*den!* – da liegt ein Irrtum vor, sagt man sich, ich bin doch kein Stück Wurst vom Judenschwein denkt man, steh auf, jüdischer Schlammhaufen, Schweineschiss!


Es gibt welche, die fortgehen, aber nicht weit genug fort, es ist als ob man sich selbst von KZ zu KZ begäbe, als Frau Engers nach Amsterdam flüchtet, ist es als ginge sie ihre Kleinen im Rachen des Wolfs verstecken.

Keinerlei Erklärung. Ich verstehe nicht, warum ich nicht verstehe. Und wenn ich Nikolaiort 2 gewohnt hätte?

1934 kehrt Ève meine Mutter aus Dresden nach Paris zurück. Sie begegnet Georges. Es steht geschrieben: Ihr Weg schlägt die Richtung Nordafrika ein, in ihren Briefen beschreibt sie der Osnabrückerin den Zauber der Stadt Oran, Palmen sagen Omi nichts, das Meer: Omi kann nicht schwimmen.

Ich schreibe ihr auch, vergebens, ich kenne ihre Adresse nicht, in Träumen hat man nie die Adresse der Großmutter, ich weiß nicht welche Worte sie aufrütteln könnten, ich schicke ihr einen Text von Freud das müsste sie doch berühren, in seiner bluttriefenden Träumerei stirbt der Soldat heilig für Deutschland, er lässt Frau und Kinder als Nahrung für Deutschland zurück, ein 1916 publizierter Text, 1916 wird Omis Mann an der Front getötet, das Thema: die *Illusion*. Auch ich mache mir Illusionen: weil Omi meine Großmutter und Èves Mutter ist. Während sie ihrer Tochter per Brief antwortet, in Afrika sind alle schwarz, defiliert die SS Brigade Kolkmeyer über den Platz, aber alles ist Illusion, es gelingt mir nicht zu glauben, dass Omi nicht morgen umzieht. Sie rezitiert Goethe.

– Das ist keine Verstandesüberlegung, sagt meine Tochter, das ist ein Beschwörungsverhalten. Es gelingt einem nicht zu glauben was man sieht.

Siegfried versteht die beiden Osnabrücker Polizisten\* nicht. Sie sind mit ihm aufs Gymnasium gegangen. Jetzt, Seite an Seite, sind die ehemaligen Mitschüler fremd und sonderbar auf zwei Kontintenten. Im *Omnibus* klafft der

Abgrund zwischen ihnen. Währenddessen betrachten die beiden Zwillingspolizisten in Uniform und, auf der anderen Seite der Wirklichkeit, Siegfried mit kahlgeschorenem Kopf, Goethes Haus. Und als Siegfried dann in den Straßen der Stadt freigelassen wird, ist 1939 jede Straße, die ihm früher so vertraut war wie eine Cousine, nun genauso irreparabel fremd. Es ist Siegfried, der sich verändert hat: Er ist zum Waisen aller Illusionen geworden.

*In Freds Innerem*

Ich hätte mir niemals vorstellen können, dass ich eines Tages in Freds Inneres schlüpfen würde, gewiss, es kommt häufig vor, dass ich mich anderen Personen leihe, alle zwei oder drei Jahre folge ich dem Ruf des Theaters, das sind meine Verwandlungszeiten aber meistens sind meine Marionettenwesen Geschöpfe der Einbildungskraft, ihre äußere Hülle ist frei erfunden, es würde mir nichts ausmachen, einen Bottom-Kopf zu haben, aber Fred nachzumachen, das ist eine Exkursion, als ob ich mich in einem der zahlreichen Cousins meiner Mutter aufhalten würde, oder in einem ihrer originellen Anwärter, aber immerhin nicht derjenige, der mit Watte in den Ohren schwamm, wofür er umgehend verjagt wurde, immerhin hat Fred keinen Bart, keinen ungeheuren Geiz er ist weder dick noch mager,

was mich interessiert, ist seine ethnologische Neugier, darin ist er eine dieser Gestalten eines Pionierschiffbrüchigen, die ihre Gefahreninsel zum Gegenstand ihrer Beobachtungen machen. Da man an ein noch unberührtes Ufer angespült wurde, entdeckt man die Verfassung einer Welt vor jeder Bekanntgabe, es gibt kein Archiv, keine geographische Karte, keine Erzählung, man ist unschuldig, es ist das erste Mal, dass eine Fracht Schiffbruchjuden am Quai des Styx anlandet.

Hier ist mir der Gedanke gekommen: Ich bin nie in Gedanken nach Buchenwald gegangen, ins Innere, nicht einmal in die physische Nähe, es ist Zeit aufzuwachen, ich hätte sterben können, ohne jemals weiter gewesen zu sein als bis zum Namen, Buchenwald, Wald aus Buche, Wald aus *B*uch, der schöne Name der Abscheulichkeit, ich war in dieser Zone der diskreten verdorrten Information festgehalten, weder gelehrt noch unwissend, ich habe mich in einer gewissen Distanz gehalten, weder fremd noch gleichgültig, ich verstehe nicht, warum.

Eine heftige Neugier ergreift mich. Ein geborener Erzähler hat mich in Bann geschlagen: Er kommt aus der Ferne zurück, aus einem noch unerforschten Land, und auf einmal ist dieses Land mit unbekannten und barbarischen Sitten so nah, dass es fern jeder Vertrautheit ist, direkt neben Weimar, was seine Dimension des Fantastischen unterstreicht. Man gelangt erst am Ende einer unruhigen, zerhackten, in jähen Wendungen komponierten Reise dorthin, eine Laboratoriums-Reise mit realer und imaginärer Verwirrung, was auf dasselbe hinausläuft, eine Störung der Orientierung und des Gedächtnisses, das wäre die Irrfahrt des Odysseus, aber im Lastwagen und in ein paar Tage verdichtet. Tage allerdings, die definitiv endlos sind.

Nehmen wir den Stadtplan von Osnabrück und Umgebung. Sehen Sie das Schloss, es wird im Hof begonnen haben: Jeder hat dort ein paar in Zeitungspapier eingewickelte, erbärmlich erscheinende Margarinebrote erhalten. Später werden sie als letzte, sublime Opfergabe an die Menschheit im Gedächtnis Platz finden. Da kommt der *O*mnibus und seine Befehle: *Mauscheln*\* verboten, wer nicht spurt, wird gehängt, kein Judengenuschel, und wer die Nase ans Fenster klebt, wird erschossen. Als das Fahrzeug brechend vollgeladen ist und die beiden SS-Jünglinge, die ich vom Gymnasium kenne, sich in die letzte Reihe gesetzt haben, nimmt der Befehlshaber des Konvois neben dem Chauffeur Platz, Richtung Osten. Es war ein starker Mercedes, mit jenem Rückenpanzer, der diesen Fahrzeugen das Aussehen eines Mastodonten verleiht. Man fühlt sich in einen Bauch gestopft, ein kleiner zerkauter Fleischhappen. An der Ecke zur Seminarstraße und die ganze Johannisstraße entlang sehe ich, dass Loeb und die anderen nur noch die rauchenden Ruinen großer Geschäfte sind. Es riecht nach der uralten Plage. Der *Omnibus* biegt ab. Jedes Mal wenn Fred dachte wir fahren nach Bielefeld, was heißt, wir fahren nicht in ein KZ, war es das nicht, also geht es zum Steinbruch in der Nähe von Borgholzhausen, das ist es nicht, also geht es nicht zur Zwangsarbeit, es geht also nach Brackwede, nein der Chauffeur weiß auch nicht mehr, wohin es geht, wir nähern uns Paderborn das ist es nicht. Niemand wusste. Das ist das Charakteristische der Reise.

Erstes Stadium der Entwirklichung: Da man nicht weiß, wohin es geht, fängt man an, nicht mehr zu wissen, wer man ist, manche haben Sehstörungen, manche können beinahe nicht mehr die Straßen, Wälder, Hügel erkennen, die ihnen vertraut waren, sie möchten weinen, man kommt in Kassel an. Kassel existiert in Wirklichkeit. Weiter. Man verlässt Kassel. Hinter Kassel trinken die Wachen einen Kaffee. Das heißt Landgasthof, seine notwendigen Geschäfte verrichten. Schweigen. Ein gewaltsames bewaffnetes Schweigen, bleiernes Schweigen. Selbst der Vogel, den Fred zu hören glaubte, Illusion, Blei.

Jetzt Richtung Eisenach. Fred hat den Wegweiser gesehen. Hier hört die Ungewissheit auf, der Zweifel verlässt uns. Es ist Nacht.

Ich bin heimgesucht.

Plötzlich im *O*mnibus, in dem ich Siegfried folge, der gerade „hinaus" schaut, spüre ich, wie sich ein Dolchstoß nach „innen" bohrt, sehr spitz, auf Höhe des Magens und ein Schwall Gift, ein kleiner innerer Schmerz, so scharf, dass man sich übergeben möchte, in Siegfrieds Bauch ist die alte Kinderangst erwacht, Osnabrück getrennt zu sehen, das bittere Gefühl zu kosten, verjagt zu sein wie Adam, ich habe noch ein paar Kleinigkeiten in meinen Taschen, vier Groschen, nichts, keinen Koffer das heißt, dass man wiederkommen wird, als ich vier Jahre alt war, Angst, Mama nie wiederzusehen, so klein zu sein vor den Mauern des *S*chlosses, das hoch wie ein Gebirge war, weinen, eine Furcht, deren Fantom sich auf einmal materialisiert hat, im *O*mnibus haben alle ein vierjähriges Kind im Bauch

aber jeder schweigt hinter seinem verkrampften Gesicht, und Siegfried schreibt dieses Symptom nicht in seinen Bericht, weder dass ihnen zum Weinen zumute ist noch das Bedürfnis nach Mama-die-nicht-existiert noch die kleine Schraubzwinge im Magen.

Der Chauffeur wusste nicht. Der Befehlshaber der *Aktion\** wusste nicht. Man weiß nicht. Das ist beruhigend. Das ist zutiefst erschreckend. Wohin es geht? Es geht dahin, wo das Wissen draußen gelassen wird. Es gibt den *B*efehl. Der Chef brüllte das Wort. Es war *D*as *W*ort, das den *B*efehl und die *R*ichtung vorgab.

Man wusste nicht, wie lange die *R*eise dauern würde.

Manche fanden sie unzumutbar lang. Andere wünschten, sie dauere noch und noch.

Das Beängstigende: dass während der langen Fahrt niemand den Mund aufmacht. Ein Schweigen aus hundert Schweigen, daraus wird eine Art stummes Brüllen, das die Münder und sogar die Augen anfüllt. Es verbreitet einen dicken bläulichen Dunst um den ohrenbetäubenden Lärm, den *Das* Wort macht.

*Das* Wort ist mannigfach und verschiedenartig. Es gibt *W*orte, die vor militärischem olivgrünem, schwarzem oder braunem Zorn kläffen, die wie Revolverkugeln durch die Luft zischen, man kennt sie, wie Ohrfeigen, wie diejenigen die der Kommissar beim Einstieg in den Omnibus Mölk ins Gesicht geknallt hat solche hatte ich noch nie gesehen hat Fred gedacht, ich wusste nicht einmal, dass man körperlich eine solche Gewalt ausüben kann, diese *R*aus, *S*chneller, *H*alt\* man kennt ihren Lärm, ihre Gefährlichkeit, sie ähnln der SS,

aber über allen Maschinengewehrwörtern thronen, in der außergewöhnlich entwickelten Hierarchie der Naziklänge, *W*örter von *U*nwiderstehbarer *M*acht, die *Wörter-Grösster-Gewalt\**, diese *W*örter, die für den *W*illen zur *E*nteignung-*A*usweisung-*A*nnihilierung *(Vertreibung Vernichtung\*)* der *R*asse neue Arbeitsbegriffe zum Gebrauch schmiedeten. Diese *W*örter haben die Macht, auf gewisse kognitive Zonen des Gehirns und auf das Unbewusste einzuwirken.

Und von Kassel aus, wohin geht es dann? Manchen dämmert eine Vorstellung aber andere ganz im Gegenteil klammern sich fest, ich selbst weiß nicht mehr wann, an welcher Wegbiegung ich begriffen oder zu begreifen akzeptiert habe, dass all wir Unglücksgefährten dazu verdammt waren, in *Aktionsjuden\** verwandelt zu werden, glaubt Fred, das heiß Siegfried, gedacht zu haben.

Ich schreibe diese Erzählung als *Aktionsjude\**, sagt der Erzähler vorweg.
 – Noch eine weitere Art von *Jude*, die *J*uden-die-definiert-werden-als-Material-oder-Objekte einer *Aktion\**, sage ich.
 – Action? sagt meine Tochter, das sagt etliches, es hat sich mit zahlreichen Konnotationen aufgeladen. Ich würde beginnen mit der Action im Kinofilm oder bei der Unterscheidung zwischen Aktion und Akt, Akt ist empirischer, Aktion ist konzeptueller.
 – *Aktion\** ist von der nationalsozialistischen *Gewalt\** vereinnahmt worden, sage ich, für den Dienst der *G*ewaltsamkeiten *S*iebter *Z*irkel *E*rste *Z*one gegen den Nächsten, *D*ritte *Z*one gegen *G*ott, gegen die Natur, es ist ein *W*ort, das unter einem in unseren Augen respektablen Äußeren die schlimmsten Gräuel verbirgt, als ich Ève sagen hörte, dass es 1934, als sie ihre letzte deutsche Schicksalsreise bis nach Dresden unternahm, bereits „beaucoup d'action" gab, stellte ich mir eine handelnde, aktive, ehrgeizige, auf ihre ganz eigene Art beschäftigte Bevölkerung vor, während Omi meine Großmutter sich weigerte, sich in Bewegung zu setzen, ihre Koffer zu packen, sich von ihrem Haus und der angenehmen häuslichen Routine zu entfernen, während meine Mutter stets in Aktion und damit dem deutschen Temperament so nahe war – mein Ohr war von der Literatur her an den Begriff *action* – Handlung – gewöhnt, selbst wenn ich immer einen Hang zu

einem Theater gehabt habe, das nicht in erster Linie von der Handlung angetrieben ist, sondern von der philosophischen Zerrissenheit.

Ich habe noch nie ein so unangenehmes und beunruhigendes Wort gesehen wie der Niederschlag des Nomens *Aktionsjude\**, da ist eines, das von den Manipulationen geschaffen wurde, die Frucht von Lebendexperimenten, ein *Aktionsjude\** ist das Resultat eines nationalsozialistischen Versuchs an Juden genannten Subjekten, einmal erfunden, ist in keiner anderen Sprache etwas Gleichartiges oder ein Äquivalent zu finden, nicht alle deutschen Juden und alle jüdischen Deutschen sind *Aktionsjuden\**, es handelt sich dabei um die Auswahl eines Teils des Produktes, der einem Eingriff unterzogen wurde, welcher wie vorgesehen in der Nacht vom 8. zum 9. November 1938 und am Tag des 10. November stattfand.

– Die *A*ktion? sagt mein Sohn.
In-actu steht im Gegensatz zu im-Traum. Die *A*ktion verzehrt den Traum. Sie fackelt ihn ab.
Es ist nicht auszumalen, man malt es sich nicht aus, man tut es. Die Gefangenen konnten sich die Nazis nicht ausmalen, diese Wächter, die sich nichts ausmalen und die machen. Die Leute der *Aktion\** stellen sich nichts vor. Sie schlafen traumlos. Es heißt *Aktion\**, weil es nur Machen ist. Nicht einmal nur Machen. Puff! Peng! Eine Bewegung: Schon ist's geschehen. Die *Aktion\** der Kristallnacht lässt mich weiterhin fassungslos: Es ist halb eins? *Aktion!\** In einem Augenblick rast das *W*ort durch Deutschland, das heißt das *R*eich\*. Alle jüdischen Schaufenster fallen im gesamten *R*eich gleichzeitig, das lässt sich nicht

denken. Die *Aktion\** ist eine Zerstörung und ein Verzehr. Eine Blitzgegenschöpfung, durchgeführt nach dem *Prinzip des geringsten Zeitaufwands*. La Grande Mâchine, die Große Zermalmende *M*aschine öffnet ihre Kiefer und schließt sie wieder. Klack! Verbesserter Zyklop. Die *Z*ermalmende *M*aschine trägt Männernamen. Jedes Mal ein Name. Für die *Aktion\** vom 8. zum 9. November zeichnet sie als SS-Gruppenführer\* Heydrich. Die *Aktion\** wird *schneller-als-der-Blitz* telegrafiert, mehr-als-spontan ist-sie-wird-sie-sein, kein Traum kein Fantasma reicht ihr auch nur bis zum Knöchel, sie ist in der Lage, in einer Minute sieben Befehle und einundzwanzig Unterbefehle zugleich zu geben, währenddessen wendet sie sich an ihre Missionare, die auf allen Höhen (von Häusern, Gebirgen, öffentlichen Gebäuden) ganz Deutschlands postiert sind, mit einer knappen und unwiderstehlichen Beredsamkeit, die Bonapartes so wirkungs- wie salbungsvolle Rede in Embabeh am 21. Juli 1798 weit hinter sich zurücklässt. In der Ansprache des *O*berhaupts an seine Offiziere ist das *W*ort selbst die Pyramiden von Gizeh und die Zermalmung eines zweitausendjährigen Feindes, sie lässt die Herzen in drei entflammten Worten jauchzen: *Blitz, dringend, sofort\**, übersetzt Foudre, Urgentissime, Immédiatement, das ist die Formel der Galvanisierung. Maßnahmen gegen *J*uden in eben dieser Nacht umgehend bei Telegrammerhalt, Nacht 9.11., sofort, auf die Minute 9.11, umgehend bei Telegramm: Brände, sobald Asche alle männlichen *J*uden sofort verhaftet schnellstmöglich deportiert, *in den Lagern\**. Bestätigen Erhalt Telegramm unmittelbar *Aktion\**.

Eine geheime Kraft liegt im Stil dieser Botschaft verborgen, im Rhythmus, vielleicht in der Wiederkehr des Wortes *Sofort\**, das Druck auf eine gewisse Zone ausübt, sofort die Reflexe beschleunigt, das Denken verknappt, einprägt, auslöst, sagt mein Sohn, das Telegramm geht-los-kommt-an, alle Synagogen gehen prasselnd und brüllend genau im selben Augenblick in Flammen auf. Wie vom Telegramm vorgesehen, kommen die *J*uden heraus, nicht alle, und alle noch oder schon im Pyjama. Herr Gottschalk rennt barfuß durch die ganze Stadt, von Straße zu Straße jagt eine Meute ihn bis zur Brücke, wo man ihn in den Fluss wirft, lachend, lachend, lachend.

Zum Glück hat Siegfried seinen großen Wintermantel, die Nacht ist eiskalt, das Feuer der *S*ynagoge wärmt sein Gesicht, er nutzt die Wärme der *S*ynagoge, das wird er vergessen haben.

Dies ist der Gedanke: Man nimmt *J*uden mitten in der Nacht, naturgemäß, denn die ganze Behandlung soll darin bestehen, den *J*uden in die Nächte der Nächte zu stürzen, Nacht bis in die Neuronen, Nacht bis ins Mark, Nacht über dem Denken, über der Einbildungskraft, Nacht über den erlebten und noch kommenden Zeiten. Es handelt sich nicht darum, es beim Töten zu belassen. Es handelt sich darum, den Ratten-*J*uden mit der Krankheit des schwarzen Terrors zu infizieren, eine körperliche, geistige, moralische Krankheit, fulminant und ansteckend, zu der die Subjekte selbst auto-immunitäre Supplemente beitragen. Während der gesamten Dauer der Aktionierung wohnen sie bewusst der Alteration und Mutierung ihres gesamten Wesens aus Körper und Seele bei, als wären sie in eine Tunke aus Nacht getaucht. Niemand kann der Terrorisierung und der schwarzen Angst widerstehen, wenn nicht durch Wahn oder Selbstmord.

Manche wählen den Tod, sofern man die Unmöglichkeit, der Versuchung des Nichts zu widerstehen, „wählen" nennen kann. Die Dauer der Aktionierung ist unbegrenzt: Nicht-zu-wissen ist eines der aktiven Elemente der Operation. Bei dieser Dosis entwickelt jeder, der immer noch aller Kenntnis, allen Wissens und Antizipationsvermögens beraubt ist, eine geistige Blindheit, die einen wie zu einem Idioten macht. Fred schließt daraus, dass die Nazi-Oberen eine beunruhigende Kenntnis davon haben, wie formbar das seelische System ist, oder vielleicht nicht? Ein Instinkt, der als Intelligenz fungiert?

Man weiß nicht, wer herauskommen wird, wer lebendig, wer tot, jedem seine Fatalität. Und das Ziel dieser Aktionierung ist, in der *Rasse*\* eine Panik zu verbreiten, die sie in kürzester Zeit und ohne Kosten für den Staat über Bord des Reichs\* werfen wird. Aber ein Aktionierter kann per Definition kein Ziel sehen, erkennen. Im KZ ist alles Krach, entsetzliche Prüfung für die Nerven und Entfesselung *signifying nothing*. Diejenigen, die zu früh sterben, werden niemals den geringsten Schimmer der Vernunft wiedergesehen haben. Diejenigen, die später sterben, werden niemals vollkommen desaktioniert sein. Auf irgendeine geheimnisvolle Weise wollen sie es nicht einmal sein können, desaktioniert.

Alles ist darauf ausgerichtet, dass die freigelassenen Aktionierten selbst den Schrecken und seine Botschaften säen: Raus mit euch, vertreibt euch, verjagt euch, flieht, Ungeziefer.

Die Aktionierten wissen nicht, dass sie verhaftet, deportiert, gefoltert, zum Teil ermordet, und ansonsten infiziert werden, damit sie Träger einer fulminanten

Ansteckungskraft sind, Schreckensmittel, die umso besser wirken, als sie der *Rasse*\* innewohnende Elemente sind, sie tun mehr für die Verbreitung des Entsetzens als die antisemitischen Proklamationen, ein Freigelassener aus Buchenwald bedeutet eine Gemeinde in Panik. Alle Aktionierten sind Träger eines Stigmas, das ihnen bei lebendigem Leibe ins Gehirn geritzt wurde: Es handelt sich um eine Flamme, die dabei ist, den halbverbrannten Körper eines Mittelschiffs aufzuzehren in diesem sonderbaren Grollen gefletschter Mäuler, das zum Grauen des Anblicks das grauenvolle Geräusch der berstenden Knochen des Gebälks gesellt. Alle. Jeder hat den Eindruck gehabt, sich selbst auf dem Scheiterhaufen zu sehen.

Ansonsten, spürt Fred, könnte man nie mehr versuchen das Phänomen zu erklären.

Wenn Fred sich selbst unter dem Titel *Juifaktionné*, also Aktionsjude oder Aktionierterjude vorstellt, dann weil ihm das eine gewisse Autorität über den Fall verleiht. Aber diese Selbstbezeichnung sagt auch die Macht des *Wortes* über die geistigen Vermögen. In Wahrheit führt Siegfried Katzmann M. D. A. J. 1941 diesen Titel wie andere sich des Eisernen Kreuzes rühmen. Es ist ein Ehrengrad, S. K. M. D. Veteran, ehemaliger Internierter der Kristallnacht.

Der Gag, sagt mein Sohn, ist, dass anfangs die Idee Nr. 1 war, die *J*uden zu verjagen. Da haben die angrenzenden Länder und die jenseits davon sich diesem Transfer entgegengestellt. Und so kam die Idee Nr. 2 auf: die Zum-Fortgehen-getriebenen-*J*uden am Fortgehen hindern.

*Auf geht's!*

Seite 6 erhält jeder *ein paar armselige Margarinebrote**
– Warum ist dieses Brot so wichtig? Es ist ein Schimmer, der in den Schatten flackert.

Alles an dem Brot ist zu bewahren. Beispielsweise das Stück Zeitungspapier. Sie hätten das Paket in den *Stadtwächter* einwickeln können, aber jemand hat nicht daran gedacht (der *Stadtwächter* sage ich zu meiner Tochter, den kennt jeder in Osnabrück, der ist das antisemitische Blatt der Stadt). Später wird man denken können, dass es unter den unzähligen Nazi-Rekruten welche gab, die nicht voll und ganz vom Henkergeist mobilisiert waren, nur ein bisschen, die schwache Nazis waren, unglückliche Nazis, diejenigen, die nicht anders konnten, diejenigen, die kein Vergnügen daran hatten, nur das strenge Vergnügen des Gehorsams, diejenigen, die nicht begabt waren, diejenigen, die nicht auf den natürlichen Nazi-Gedanken gekommen wären, die *Margarinebrote** in den *Veilleur d'Osnabrück*, den *Stadtwächter* einzuwickeln, um das Brot noch mit Hass zu würzen, um dem *J*uden den Appetit zu verderben, ihm das Brot aus seinem Schweinemaul zu rauben, diejenigen, die es getan hätten, wenn man ihnen den Befehl gegeben hätte, diejenigen, die gedacht hätten, wer Hunger hat, isst, es ist nicht das Papier, was zählt, und noch später, dazu wird Siegfried unten auf der Seite 9 kommen, dazu, sein *Letztes Margarinebrot* zu essen, dasjenige, das *die Gestapo Osnabrück so fürsorglich mitgegeben hatte\** – und da überrascht man sich dabei, dass man eine Art Dankbarkeit für die Gestapo von Osnabrück empfindet, man hat gedacht: Immerhin ist es bei den anderen Gestapos noch schlimmer, das kann man nicht leugnen –

und es ist das *M*argarinebrot von Osnabrück, eben dieses wird ihm das Leben gerettet haben an jenem Abend, denn es ist wirklich essbar, während die eiskalte Suppe, die trügerischerweise *Erbsensuppe\** genannt wird, ungenießbar ist, diejenige, die man ihnen nach drei Tagen Fasten anbietet man hat sie mit Bedacht in einem riesigen Fass herbeigebracht, und *mit nichts* was ihren Verzehr ermöglicht hätte, dermaßen *nichts*, dass kein Löffel oder irgendein Behältnis erwähnt wird. Man sieht die Ausgehungerten sich um das Fass drängen und einen Schluchzer hinunterschlucken. Woraufhin Siegfried sich aufs Schlafen einstellte: Man hört auf zu denken, man legt sich neben Fröhlich hin, nicht weit vom Pastor Leo, jeder zieht sich hinter seine Schmerzen zurück, Fröhlich sagt: Hier kommen wir nicht lebendig heraus, mehrmals. Letzte Woche waren er und seine Familie bereit, nach Amerika auszuwandern. Man hört in einiger Entfernung, wie man vor Tagesanbruch sehr deutlich den wiederholten Hahnenschrei des einzigen sich bekundenden Wesens hört, die wiederholten Schreie der gepeinigten Menschen, Schüsse und Kommandostimmen. Aber was am Schlafen hindert, ist der ununterbrochene Strom von Neuankömmlingen, da immer weniger Platz ist, treiben die Sträflinge die Reisenden mit Knüppelschlägen vor sich her und knüppeln, bis zweitausendfündhundert

Köpfe in dem engen Kasten gestapelt sind. Da kann man dieses Phänomen beobachten, dass die Luft sichtbar ist, sie stagniert wie eine Lungensuppe, bildet wolkige Spiralen, sie ist dunkelblau, als ob alle rauchten, was nicht der Fall ist. Es sind Ausdünstungen von Seelengas.

Das könnte einen auf das *Butterbrot*\* bringen, das meine Großmutter mir als Pausenbrot mitgab wie alle Großmütter der Stadt, oder es ist ein kränkendes Almosen, die Fahrgäste im *O*mnibus sind keine kleinen Mädchen, aber als man im Lager ankommt, ändert sich die Bedeutung des Brotes, sobald man dem Entladen der Lastwagen beiwohnt, die aus der gesamten riesigen Region kommen, niemand hat ein Margarinebrot, die Leute brechen beim ersten Schritt zusammen, die aus Frankfurt haben alle ein blutüberströmtes Gesicht, die Kleider sind zerfetzt, die Ohren vom Kopf abgetrennt, wir Osnabrücker Schiffbrüchigen wir haben Glück gehabt, es ist als ob jemand unter den Verrohten ein erbärmliches Mitleid und keine jämmerliche Verachtung verheimlicht oder vielleicht bekundet hätte, mit einem Mal ist aus dem Margarinebrot ein Manna geworden, es ist ein menschliches Margarinebrot.

Es ist wie die Geschichte von Herrn Hagenauer und der Apfelschale, es war die Initiation ins KZ, in meiner Kindheit sah ich den sehr dicken Herrn Hagenauer, ein aus Auschwitz nach Oran entkommener Deutscher, und unter seiner rauen Stimme sah ich den hungernden Herrn Hagenauer 35 Kilo wiegend in der Grube, in die die SS ihre Zwangsarbeiterhäftlinge führte. In einer dunklen Ecke der Grube stehend ließ der SS-Mann in Hagenauers Hand eine Apfelschale gleiten, ich sah das Geschlängel, sofort verschlungen, der dicke Herr Hagenauer verdankte dieser Schale sein Leben, sagte er, ich hätte den SS-Mann gern gesehen, aber das hieß ihn der Todesgefahr aussetzen, Herr Hagenauer der Magere hat ihn nie gesehen nie angeblickt, was man in den Mund steckt ist nicht nur ein Lebensmittel, es ist die Milch menschlicher Freundlichkeit, *the milk of human kindness*, es ist wie das Weißbrot und die Erdbeermarmelade, die wir von den Amerikanern der *L*andung geschenkt bekamen, und der göttliche Geschmack, der vom Gaumen in den ganzen Körper strömt mit der berauschenden Empfindung, dass die Liebe an einem Bissen hängt,

ein Namenloser aus Osnabrück – oder mehrere – hat gedacht, zweifellos hat diese Person Kinder, sie hat eine verlassene Katze aufgenommen, sie hat die Verzweiflungsschreie des Tiers nicht ertragen, unter einer der schwarzen Uniformen ist eine Person versteckt, nicht unter den anderen.

Und von Kassel aus? Jetzt Richtung Eisenach, Siegfried hat den Wegweiser gesehen. Hier hört die Ungewissheit auf, der Zweifel folgt nicht mehr.

Und nun, wo es nicht mehr möglich ist, einen Zweifel zu retten, kommen wir unten auf der Seite 6 an, und das erste Wort auf der Seite 7 ist Buchenwald. Es war Nacht.

Was denken die anderen? Gefährten des Schweigens. Niemand wagt, mit seinem Nachbarn zu sprechen. Man fürchtet sich vor der SS. Man fürchtet sich vor dem, was der Nachbar denkt. Man fürchtet sich vor dem, was man denkt. Jeder ist allein mit seinen düsteren Gedanken. Mit seinen düsteren Gedanken fühlt jeder sich allein wie noch nie. Man kommt in Weimar an. Es ist als sagte man: Man kommt im Paradies an. Und es ist die Hölle.


Mein ganzes Leben oder beinahe habe ich Notizen gemacht, ich weiß nicht warum ich schrieb, bevor ich schrieb, bereits in den sechziger Jahren notierte ich Sätze von Omi meiner Großmutter, ich las sie nicht wieder, es war keine Literatur, ich klaubte Blätter auf, die noch lebendig waren, ich ließ nicht fallen, ich habe dazu nichts zu sagen, ich frage mich, ob ich in Buchenwald Notizen gemacht hätte, und just davor, im Keller nicht da konnte man sich nicht rühren, aber direkt danach, und auf welches Papier?

Das Stück Zeitungspapier der Margarinebrote? Habe ich darauf geachtet es aufzuheben? Es wegzuwerfen? Wann werde ich das Einsteigen in den Omnibus notiert haben und wie am Ende die beiden Jünglinge mit Maschinengewehr hereinkommen, der, der einen Nicht-sehenden-Blick erfunden hat, um ihn an mich zu richten

und warum?

Wer, was, trieb mich dazu, jeden Augenblick der Ankunft im KZ zu notieren das Eintauchen in den finsteren Durchgang und wie man dann in die gleißende Glut der Scheinwerfer fiel? Was in mir leitete meine Aufmerksamkeit, fesselte sie? Ich notiere, dass ich als Siegfried, oder Fred, mit den elementaren Bedürfnissen beschäftigt bin. Ich bin nicht vom lebensnotwendigen Bedürfnis umgetrieben, Nachricht von den Meinen zu erhalten oder zu geben, jeder hat die Welt abgelegt, als er am Schalter des KZ das Kleingeld aus seiner letzten Tasche leerte.

Die Baracken, die Form und die Maße der Schlafgestelle belegen den Raum des Denkens. Jeden beschäftigt die Dringlichkeit, den Tod zu vermeiden. Es hängt an nicht viel. Die abstoßende Erbsensuppe des dritten Tages ist ein Aufschub, morgen wird man noch da sein, wenn das Schicksal es gewährt. In der Baracke Lärm zu machen, zu husten heißt das Ende, der Marterpfahl erwartet dich. Es gibt auch keinen Himmel in der Beschreibung von Buchenwald, wer wäre auf den Gedanken gekommen, die Augen zu heben, wo man doch direkt um sich herum auf der Erde aufpassen muss, woher einen die Sterblichkeit ereilen könnte?

Auch keinen Baum. Es ist Wald. Es gibt keine Bäume.

Siegfried erwähnt die Goethe-Eiche nicht. Fred setzt die Eiche nicht wieder in seinen *Bericht* ein. Sie sagen die Wahrheit des Augenzeugen: Für Siegfried hat es nie einen Baum gegeben und noch weniger einen Baum-von-Goethe in dem Wald-aus-Buchen genannten Lager, diese Worte wurden ausgeweidet der Wald der Bücher-Buchen ist eine riesige skeletthafte Ebene. Es gibt auch keine Menschen. Nichts Heiliges *kann* bestehen, die erbärmliche Luft ist für Lebens- und Gnadengedanken nicht zu atmen.

Wenn Siegfried den großen Stumpf der Eiche „gesehen" hat, unter der Goethe, also das strahlende Deutschland, sich gern besann und das Wachstum seiner Visionen für die Menschheit betrachtete, hat er sie *nicht* sehen *können*, dagegen hat er „gesehen" und mit welch explosiver Kraft schlug ihm dieser Anblick in die Augen, noch heute empfindet er dieses sonderbare Gefühl, unter die Wilden geworfen worden zu sein, das ihn zum ersten Mal ergriff, als er sah – die Kraft, den Geist und sogar die Zeit hatte zu „sehen" – denn seit dem *Omnibus* und vielleicht vorher – gelang es weder Siegfried noch seinen Gefährten zu sehen, was sie sahen – und zwar diesen *Insass*en\* dieser übernatürlichen Örtlichkeiten.

Ich war wie ein Schiffbrüchiger, den der Sturm Nacht wie tot an ein unwirtliches Ufer schwemmte und als ich am Morgen auf das Meer schaute, war der Rest des Schiffs *verschwunden*. Und vor mir: Noch nie hatte ich etwas dergleichen gesehen. Über alles, was sich zeigte, war eine entsetzliche Verkleidung geworfen. Die einzigen vertrauten und daher grausam beruhigenden Gegenstände, die man sah, waren die Maschinengewehre. Mein Geist beschäftigte sich dann nur noch mit der Suche nach Möglichkeiten, mich in Sicherheit zu bringen, mein Geist war eine Ratte mit einem rasend und vergeblich kreisenden Gehirn, er war verfolgt und lächerlich. Hier gibt es keinerlei Zuhause. Selbst einem Häftling gelingt es mit der Zeit, ein bisschen Zuhause mit seiner Zelle zu finden. Hier, sagt sich Siegfried M. D., kann nur der Wahnsinn sich in gewöhnlicher Umgebung fühlen.


– Warum spricht Siegfried, später dann Fred, nicht von Goethes Baum?
 – Auf dem Appellplatz zählt man ungefähr fünfzehntausend Häftlinge, die von einer drei Meter hohen Hecke aus Stacheldraht umgeben sind, alle fünfzig Meter ein zwanzig Meter hoher Wachturm, mit schwer bewaffneten Männern besetzt, die Tag und Nacht mit Scheinwerfern ausgestattet sind, die Anlage ist dafür vorgesehen, bei Bedarf innerhalb einer Viertelstunde das Abschießen von fünfzehntausend Gefangenen gewährleisten zu können,

restlos. Ein einzelner Baum in einer Umfriedung. Was Eigentümliches. Täglich den Appellplatz säubern, zwischen fünfzehn und fünfzig Leichname sind zu entfernen.
Dies ist keine Erklärung. Oder vielleicht doch.
– Ich bin nicht sicher, dass unter den Umständen der *Kristallnacht\** und der Ankunft des ersten Kontingents von Deportierten die Anwesenheit des Baumes für Siegfried eine Bedeutung haben sollte, überlegt meine Tochter. Am Anfang sucht Robinson, wo und wie er in Sicherheit schlafen kann. Eine der Prüfungen, die Siegfried durchlaufen muss, besteht darin, wie in der Höhle des *Zyklopen*, dessen Hof mit riesigen ausgerissenen Felsblöcken und einem hohen Zaun umschlossen ist, mit der Demütigung per *L*atrine umzugehen. Nachts machen sich die SS-Männer ein Vergnügen daraus, zunächst einen oder zwei Unglücksgefährten zu packen und, wie Hündchen, sie dann auf die Erde zu schmettern, unter den Knüppelschlägen zerfließt ihnen das Gehirn, in einem zweiten Schritt lassen sie sich von den Unglücklichen, die das Bedürfnis auszutreten drängt, anbetteln und gewähren einem erst Stunden später die Erlaubnis, in höchsten Nöten marschieren Sie bis zu den Latrinen und kaum sind Sie an dem Ort angekommen, Zurück, marsch, marsch! so schreien sie, im Galopp und schneller oder ihr seid tot, und schießen mit dem Maschinengewehr auf Sie. Von zwölftausend *J*uden dürfen sowieso nur fünfzig Bewerber hoffen.
– Und der Baum?
– Für Robinson kommt *G*ott zuletzt. Als erstes belegt der Körper allen Platz im Denken.


Was den unerwarteten Zauber dieses *B*erichts ausmacht, ist, dass Siegfried-später-Fred keinen Vorgänger hat, er ist der erste der *J*uden von Osnabrück, der sich in die Begegnung mit dem Lager *O*hne *H*offnung vorwagt, es ist das erste Mal, dass ein schiffbrüchiger Reisender die Inschrift am *T*or zur *H*ölle entziffert, es ist das erste Mal, dass ein kleiner Mensch sich in die Finsternis der Schatten vorwagt, in deren stickiger Luft die Klagen und tiefen Seufzer unsichtbarer Gefangener widerhallen. Und als er plötzlich, aus dem Schoß der Schatten in eine Flut aus gleißend blendendem Licht geworfen, zum ersten Mal einem *Bewohner* dieser wilden Gefilde begegnet, da erschüttert ihn besonders das Kostüm, das der undefinierbare *Bewohner* trägt: eine *grotesk\** gestreifte Uniform und ein irgendwie sonderbar geschnittener Mantel, der gleichermaßen *grotesk\** ist. Da hält dieser seltsame Caliban den Ankömmlingen mit einer erstaunlich tiefen, ruhigen Stimme eine Ansprache mit Empfehlungen. Wenn ihr eine Chance haben wollt, dem Tod zu entkommen. Siegfried kommt aus dem Staunen nicht mehr heraus. Wer hätte geglaubt, dass der erschreckende Ort dermaßen *Grotesk\** ist? Beim Weiterlesen dieses Dokuments ist zu bemerken, dass genau dieser geschärfte Sinn für das Groteske und eine Neugier, die kein Grauen mindert, den Wert dieser Schiffbruchserzählung ausmachen.

Ich schreibe als *Aktionsjude\**, sagt der Erzähler. An jenem Tag, als dieses Wort einen Sinn hat, ist Siegfried noch Arzt genug, um sich selbst zu beobachten, und zum Glück sogar noch an den folgenden Tagen, der Sinn für das *Groteske\** bleibt hellwach, wie Eurylochos, der Kirkes Falle wittert und vermeidet, von der Droge zu trinken und augenblicklich einen gestreiften Körper zu bekommen, Stimme und Mund Silben bitterer Eicheln mümmelnd.

Ich selbst bin dabei, die Verstörung meines Denkens vom 22. Juli 2018 zu notieren, ich stelle fest, dass es mir überaus schwer fällt, sonderbarer Weise ist mein Geist von Buchenwald hypnotisiert, vergebens klammere ich mich mit dem Blick an die königliche Eiche, den echten Baum vor meinem Fenster, Ohnmacht des Bewusstseins, Vorhang!

Wenn ich die Augen öffne, könnte es 1938 sein, so ist es, ich bin im Jahr 1938, es ist der 12. November, es ist ein eisiger, nächtlicher Tag, ich weiß nicht, dass ich in diesem „Hier" bin, von dem Flatauer sprach, dem Befehl der *Z*ermalmenden *M*aschine, datiert auf den 8.11., ausgeführt am 9.11., folgend. Ich notiere: Einer der Effekte von Ankunft und Eintritt ins KZ Buchenwald ist die Abtragung der Welt, in der ich noch letzte Woche wohnte. Es ist zweifellos was den Reisenden widerfuhr, die das absolute *A*usland erreichten, reine Hypothese, denn *from this unknown country* kam niemand je zurück, um von dessen anderer Wirklichkeit zu erzählen. Und schon hat man auf alles verzichtet, was bekannt war. So bin ich hier also wie bei-den-Toten, denen, die niemals etwas werden sagen können.

Seit Monaten habe ich Siegfrieds *Bericht* so oft gelesen und wiedergelesen, es ist als hätte ich einen Toten wiederbelebt, ich habe über Aschenpapier gehaucht und es hat wieder Feuer gefangen, nirgends ist von Papier die Rede in der Zeit, die Siegfried in Buchenwald verbringt, und doch ist im ganzen Lager Fantompapier, auf dem Weg zur Kantine kommt man an Goethes Heften vorbei. Und es ist vor allem der winzige Fetzen Papier, so geheimnisvoll wie das Pergament des *Goldkäfers*, auf das eine Nummer gedruckt ist und das der Wächter jedem Neuankömmling mit dem Hinweis aushändigt, dass dies ein Gegenstand von höchster Bedeutung ist, jeder muss seine Nummer hüten wie seinen Augenstern, wer sie verliert, verliert jede Lebenschance. Währenddessen treibt uns das Lagerpersonal in seinen grotesken Flanelluniformen mit dem Schlagstock vor sich her und einer von uns heult auf.


Seite 7, am Ende stehe ich mit meinen wankenden Gefährten vor einem über die Maßen hohen Gittertor wie vor dem Prunk des Gnadenlosen Gesetzes. Und das Prunkvolle Gesetz erklärt seine Lehre in eisernen Lettern. *Recht oder Unrecht, mein Vaterland\**. Während wir diesen Artikel lesen und wiederlesen, brüllen Stabsoffiziere um uns her wie die Rasenden. In der ersten Reihe bricht der Pastor Leo unter den Schlägen der Offiziere zusammen. Gerecht oder nicht, das ist mein Recht, knarrt das Tor, ich bin hier zuhause.


– Das ist doch unglaublich! Welch ein Zynismus!

Meine Tochter findet die Devise von Buchenwald unwahrscheinlich. Daraus spricht das Regime des politischen Ausnahmezustandes, sagt meine Tochter. Aber weder die SS in dunkelgelben *grotesken* Uniformen noch die Flanelluniformen noch die sechstausend Wächter des Lagers finden diese stolzen Worte zynisch, zumindest in diesem Jubelmonat 1938 Nacht.

– Aber wer spricht? Wer sagt *Mein**? Mein Land, mein Vaterland, wer? beharrt meine Tochter. Wenn das Lager darauf abzielt, die Gefangenen solche Worte sagen zu lassen, die über die Demokratie triumphieren, ist das der Gipfel des Grauens, es ist das Ende der Menschlichkeit.

Während wir uns entsetzen, erleben die Herren-des-Vaterlandes Lüste, die unsere Vorstellungskraft übersteigen. Dante selbst schlägt die Augen nieder. Schließlich durchweht Moral die *H*ölle und das Böse unterliegt. *Hier** im *Vaterland** herrscht das *P*aradies der Grausamkeit. Alle „Bewohner" in bewaffneten Kostümen sind mit unzähligen Ehrenabzeichen und Aufnähern ausstaffiert. Sie schillern und spiegeln sich von Kopf bis Fuß. Neben dem jüdischen Schlamm strahlen sie.

– Ich finde es sehr unangenehm, dass ich geschoren worden bin, sagt Siegfried zum Pastor Leo, aber er denkt es kotzt mich an, am liebsten möchte ich schreien.

Fred hätte gern den Dr. Freud fragen mögen, was er von diesem kleinen geistigen Schmerz in den Haaren denkt. Die zwanzig Barbiere, die wie am Fließband Häftlinge scheren, jagen es Siegfried kalt den Rücken hinunter, und wenn das eine Schlachthaus-Szene wäre? Ich weiß vom Los einer achtzehnjährigen Gefangenen, die in Ravensbrück daran gestorben ist, dass sie geschoren wurde. Als Elfriede, Remarques Schwester, mit dem Beil enthauptet worden ist, hat man sie erst kahlrasiert. Die Rechnung über dreißig Mark für den Barbier ging an die Familie. Siegfried weiß nichts von diesen *Grotesk*en*Tücken, aber die Einbildungskraft warnt ihn und er verspürt einen stechenden Schmerz am Hals.

Gott war eine schöne Eiche, unter der Goethe, das heißt auch Sokrates, Beethoven, Schiller, Bach in einer ganz anderen Geschichte zusammenkamen, um sich zu unterhalten.

Laut ihrer posthumen Legende, soll die *Z*ermalmende *M*aschine den Befehl gegeben haben, alle Bäume zu töten außer der *E*iche, für den Fall, dass dem *W*esen zu beachtende Willensregungen innewohnten, sage ich.

Aber mit *G*ott und dem Baum hat Siegfried nichts zu tun. Anstelledessen sieht man den ganzen Samstag Lastwagen vorbeifahren, die ihre Ladung aus Frankfurt, Breslau, aus der Pfalz, Schlesien, Hessen ausschütten, alle, die im Zug aus Frankfurt transportiert wurden, haben blutverschmierte Gesichter, wer in Weimar abgeladen wurde, zerstriemte Rücken, sie sind den Weg unter Peitschenhieben gerannt, der Körper ist grün und blau geschwollen, die Augenbrauen geplatzt, zu Hunderten gemartert,

und so führt Siegfried, anstelle des Baums, von dem er nie sprechen wird, die Szene der Einweihung in die *S*elbst-*E*rniedrigung ein, auch bekannt unter dem Titel *Was bin ich?*\*

Es handelt sich um eine Entwürdigungs-Übung, deren Vorrichtung seither ein wenig überall auf der Welt übernommen worden ist, aber an jenem Tag war es neu für mich. Zwei SS-Männer zeigten auf einen Häftling in der ersten Reihe, einer von ihnen, sagen wir Kolk, brüllt ihm ins Ohr: *Was bist du?*\* Der Ton ist so gewalttätig, dass der Angeklagte, von Angst und Verwirrung durchtobt, antwortet: „Ich bin der Viehhändler Soundso". Da hagelt es Hiebe, Ohrfeigen, Knüppelschläge, Fäuste, Füße,

Tritte, Peitschen, Stiefel, ein Schienbein kracht wie ein trockener Ast. Der andere SS-Mann, sagen wir Müller, diktiert die richtige Antwort: *„Ich bin ein Volksbetrüger"*\*. Wiederhole: „Ich bin ein Volkbetrüger". Wasbistdu? Und der verletzte Mensch wiederholt, den Herren nachahmend: „Ich bin ein Volksbetrüger". Es scheint, dass diese Antwort des Elendesten aller Odysseuse eine besänftigende Wirkung auf den Zyklopen Kolk ausübt. Die SS-Männer lachen. Alle zusammen. Hören auf zu lachen. Wenn die Frage auf mich fiele, würde ich nicht zögern. Siegfried, noch ein beklagenswerter Odysseus, sagte sich, wenn die Frage auf mich fiele, würde ich nicht zögern, ich würde antworten: *Ich bin ein Volksbetrüger*\*, ohne mit der Wimper zu zucken, man muss sich selbsthypnotisieren, schluck den bitteren Trank und-denk-nicht-dran, du wirst ihn nicht schmecken. Die Frage fällt auf einen, der direkt hinter mir steht. Sie zischt wie ein Pistolenschuß, der Getroffene antwortet wie aus der Pistole geschossen. Und trotzdem donnert ihm eine Salve Kolbenschläge ins Gesicht. Es war also nicht die richtige Antwort. Es gibt keine richtige Antwort. Niemand kann den Zyklopen täuschen. Die elenden Odysseuse von Buchenwald haben fast kein Glück. Das Beil kreist und fällt auf dich nieder oder auf dich, das ist das Gesetz, das Absolute GerechtUngerechte, jedes der Ichs, das ein Volksbetrüger ist, zittert vor Schrecken, jedes fürchtet bis zum Wahnsinn, *dich*, also *du* zu sein, und als Spitze des Grauens gibt es *E*inen, der aus absolut keinerlei Grund nicht enthauptet wird, die Gnade kreist und fällt auf dich oder dich nieder, ungerecht, alles ist gewaltsam sinnlos, ohne Zukunft, es gibt nur Zufall, nächtlich, wahnsinnig, gemein, ironisch, reiner Schicksalsungehorsam.

„Ich werde all diese Erfahrungen aufschreiben", ich weiß nicht, in welchem Moment Siegfried das gedacht hat, ein Gedanke, der wie eine gute Nachricht strahlt, ein genialer Geistesblitz, denn von dem Moment an, in dem er sich diese Erzählung schreiben *sah*, hat er aufgehört sich wie all seine Kameraden zu sagen, dass er nicht lebend herauskommt, und schon hat er sich ans Schreiben gemacht, ohne Papier und im Voraus, und direkt auf die Tafeln des Gehirns

ich glaube es war nach der berühmten Nacht der Halluzinationen, die er in allen Einzelheiten auf Seite 16 beschreibt, eine entsetzliche Nacht, die mit der Tötung eines der Häftlinge in mehreren Etappen beginnt, derjenige, der den Kopf verloren hatte und so dermaßen schrie, dass sein Nachbar ebenfalls begonnen hat zu schreien, es ist die Weise, auf die er umgebracht wurde, nicht mit einem Schlag, sondern unter einem Hagel von Schlägen und Folterungen, denn wenn man verrückt ist, bewegt naturgemäß eine Wahnsinnskraft den Irrsinnigen und hält ihn zum Schlimmsten über dem Ende, so dass alle Barackengenossen, also dreihundert Eingesperrte, der Gewaltlawine unterworfen wurden, und jeder betete insgeheim, dass der arme Irre endlich seinen dämonengeschüttelten Geist aufgeben möge, die gesamte Baracke saß auf der Streckbank und danach wird Siegfried in einer Schreckensszene, die er mit Otto teilte, von allen Seiten von Vorstellungen nichtendender Grausamkeiten bestürmt, es gibt welche, die Gespenster sehen, niemand könnte der Invasion widerstehen, man sprang auf, unzählig ist die Menge an Vorstellungstoden, die uns auferlegt wurde, die SS machte die Runde und spritzte uns tödliche Gifte ein, andere zwangen uns, ebenso tödliche Tabletten zu schlucken, die Nachricht geht um, dass heute Nacht alle Häftlinge getötet werden. Plötzlich taucht ein Kommando auf, Befehl an alle, den Kopf ins Innere der Gestelle zu drehen, Beine und Füße zum Durchgang hin, der Zweck ist, kräftig auf die Gliedmaßen zu schlagen, Otto und ich halten vorsichtshalber alles, was uns zur Verfügung steht, Kleider, Schuhe über den Kopf, denn die auf den Türmen postierte Wache wird bestimmt bald die Baracke unter Beschuss nehmen. Wir, die wir auf den Holzgestellen oben liegen, sind den Schüssen direkt ausgesetzt. So ist es für diejenigen, die Wahnsinnigen ausgeliefert sind, Schuften, deren Leidenschaften durch Alkohol angefacht und enthemmt waren, wiederholt sich S. K. M. D. Siegfried, er selbst erstickte im langsamen Würgegriff von Händen, die seine Einbildungskraft fabriziert hatte, die aber sehr wirklich zupackten, er hätte zehnmal sterben müssen wie man in mehreren Etappen ertrinkt, aber morgens brach der Tag an, Siegfrieds persönliche *Kristallnacht** hat in einem Tränenschwall geendet, er war noch da, er hatte einen klaren Kopf und er hatte nach jenem genialen Geistesblitz gegriffen wie ein Ertrinkender nach einer Planke.

Nun sind die Folgen dieser Nacht der Schrecken selbst ein neues außergewöhnliches Unglück. In jener Nacht, die wie eine finstere Wiederaufnahme der großen *Kristallnacht** war, haben die meisten Gefangenen ihren erhabenen, geheimnisvollen Geburtsschatz verloren: die Menschlichkeit. Laut Siegfried haben infolge der Gewalttätigkeiten und Folterqualen, denen ihre Seelen die ganze Nacht ausgeliefert waren, die Aktionierten einen irreparablen geistigen Schaden genommen.

*Was die Nacht gemacht hat*, würde der Titel eines Kapitels in Siegfrieds Erzählung lauten. Am Montagmorgen wird den Insassen der Befehl gegeben, ihre Ställe aufzuräumen und zu säubern. So sieht man diese Herde von blutverschmierten Erniedrigten in Durchfallhosen mit erloschenem Blick vor den Leichentischen hin und her gehen. Die ehemaligen Menschen liegen mit eingeschlagenen Schädeln verrenkten Gliedern, die Gesichter mit schwarzem Blut befleckt, ein Rabbiner aus Breslau mit zwei gebrochenen Beinen hat gerade seine Agonie zwischen den Toten beendet. Das Schauspiel lässt die Vorübergehenden indessen ungerührt. Im Repertoire an Gesichtsausdrücken fehlt ein erbarmungsvolles Entsetzen. Als M. D. hat Siegfried schon Leichen gesehen, aber diese übersteigen das Sägliche und den Sagenden. Ihm fällt auf, mit welcher Geschwindigkeit die Seelen ihrer Empfindungsfähigkeiten entkleidet werden. Sie frieren ein. Laut Siegfried wird es vierundzwanzig Stunden gedauert haben. Seiner recht strengen Schätzung zufolge sind es fünfzig Leichname, die die Nacht liegen gelassen hat, als sie sich Seite 17 zurückzieht.

Wie Goethe sagte, ist das Genie doch eine Jugendangelegenheit, wäre Siegfried sechzig Jahre alt gewesen, dann wäre er gestorben, tot wie Herr Trepp, den er vor seinem Tod tot sah, nie hatte er gefühlt, wie sehr er sein Schicksal der Chance eines Datums verdankte, man sah siebzig- und sogar achtzigjährige Aktonierte ankommen und man betrachtete sie verstohlen als bereits-gestorben lebend, Siegfried konnte sogar der langen Massakrierung des Schreienden folgen und komplett den Kopf bewahren, nicht-sein-eigener-Feind-sein, sagte er sich,

ich stelle mir vor: Kurz nach dieser Walpurgisnacht und der Erfahrung der Auferstehung, als ob er den Styx überquert habe, hätte Goethes Baum ihm bewusst werden können.

# Ich möchte von der Hoffnung sprechen

Ich möchte von der Hoffnung sprechen. Bis zu dieser Seite gab es keine.

Die Hoffnung belegt zwei Zeilen kurz vor dem Ende des *B*erichts Seite 25, und direkt nach den letzten verzweiflungsvollen Momenten des Lehrers Trepp, man hat Unmögliches getan, um zu versuchen ihn zu retten, bis unten auf der Seite hat man nicht gehofft, man hat versucht, man hat nicht gebetet, man hat sich bemüht, ihn ein paar Millimeter aufzuheben, seinen Namen zu flüstern, was körperlich beinahe übermenschlich und sehr riskant war, in keinem Moment hat man daran gedacht zu hoffen, jede Minute war jäh wie ein Fels, man denkt nichts, man geht von Niederlage zu Enttäuschung, man hat keine Illusionen, man hat nichts, man will nicht, das ist alles, es gibt nur Zeit, unendlich dieselbe, und keine Zukunft.

So lange schon hält die Lektüre ihren Atem und ihre Tränen zurück, von niedergeschmetterter Seite zu abgekämpfter Seite zu sich aus dem Abgrund herauskämpfender Seite, dass man weder die Kraft noch die Zeit hat, die Abwesenheiten zu bemerken, weil ich Fred mit gesenktem Kopf folge, ohne rechts noch links noch hinter mich zu schauen und nicht nach vorn, nur Schritt für Schritt Seite für Seite bemerke ich die Nicht-Anwesenheiten die

Überhaupt-nicht-in-Funktion-befindlichen-Fantome des Textes nicht,

Ich bemerke nicht:

1) es gibt keine *D*eutschen, fast keine, auf diesen Seiten, außer den *J*uden, die vorher *D*eutsche und jetzt Nichtarier waren, denn da wohin die Seiten mit Siegfrieds schwankenden Schritten gehen, gibt es keine nichtjüdischen *D*eutschen, fast nicht, es gibt keine mehr in diesen Nächten unter dem *R*eich\* der *F*urcht, auch sie treten nicht aus dem Haus, auch sie sehen nichts sie sehen nicht sie sehen nichts, alle sehen nichts

und kann man sagen, dass diese Masse, die sich im Hof des *S*chlosses drängt, um beim Befüllen des *O*mnibusses zuzuschauen und ihren bezahnten Blicken rohes *J*udenfleisch zu essen zu geben, aus Deutschen besteht? Laut Siegfried ist es das weltweite grausam menschlich-unmenschliche Publikum das nach Hinrichtungsspektakeln giert und nie eine Gelegenheit zu grasen auslässt und das kommt, um zu sehen sehen sehen, aber was? SS-Männer, die in Uniform auf einen *O*mnibus voller Fleisch masturbieren und im Chor *Heil Hitler*\* ejakulieren, aber ihn interessiert das nicht

2) jene komplizierte Abwesenheit, die bemerke ich nicht, was mich interessiert, ist Robinsons Einsamkeit, die sich täglich außer *F*reitag erneuert. Genauso habe ich nicht die Abwesenheit der Hoffnung bemerkt, bevor ich diese plötzlich, dem absoluten Verbot zum Trotz, am Ende der Seite 25, das heißt der letzten, aufstehen und schnell zwei Zeilen lang halten sah wie eine Lerche mit gebrochenen Flügeln sich auf einen Windstoß schwingt und noch ein letztes Mal fliegt. Zwei Zeilen von tausend, das reicht, damit ein feiner Lichtstreifen die endlose Nacht durchdringt, ein Lebenszeichen in der dichtesten

Zerstörung. Ein feiner Schrei. Nichts wäre zerbrechlicher. Nichts machtvoller. Wenn das Herz nicht mehr schlägt, ein Schlagen. Als ich mich zum Tod begeben habe, als ich mich über meine gestorbene Mutter gebeugt habe, war ich voll Zorn, ein Angestellter der *E*xistenzverwaltung hatte ihr allerärgste Gewalt angetan, sie hatten sie zwangsgeschminkt, sie als Tote verkleidet, gestohlen, ich war verzweifelt, ich habe sie abgeschminkt, ich habe mit einem Taschentuch sorgfältig diese Spuren profanierender Finger abgewischt, ich habe ihre starren alten Lippen geküsst, ich habe geweint, und in ihrem Unglück hat sie mir zugelächelt, ein Lächeln legte sich für eine Sekunde über ihr ganzes wehrloses Gesicht,

Wenn man sich sagt, es ist das Ende, wenn man sich nicht mehr sagt, es ist das Ende, *weil hier nun das Ende ist*, dann ist das Ende, wenn nichts mehr kein Ding, Wesen, Bewegung mehr ankommen kann, es ist lang, ein langes Ende, in dem allein das Streben nach dem Tod pulsiert, wie ein langes Ertrinken und mit Schmerzen, Siegfried sitzt auf einem Bett aus scharfkantigen Steinen und ruft all seine Kräfte herbei, all seine Gedanken, damit sie ihm helfen, seinen bewegungslos gewordenen Körper aufzuheben und ihn von einer Pobacke auf die andere zu kippen, das ist *das Ziel* seiner terminalen Existenz,

und *während* ich auf den steinernen Klingen saß und mich bemühte, mich mit seelischer Muskelarbeit dem Tod zu entreißen und *von einer Backe auf die andere rutschte\**, von einer Backe auf die andere überleben und mit derselben Anstrengung wie Samson, blind in Ketten mit der Seele angeschirrt die Pfeiler des Tempels hochzustemmen, alles tun, um den Nachbarn die Technik mitzuteilen, stemme, hebe die Backe langsam hoch, dreh dich um die Achse der Wirbelsäule, und vor allem dem

Lehrer Trepp, der dabei ist, vom Leben zum Tod zu kippen, während ich mit dem Willen, der stärker ist als die Wirklichkeit, einen Körper hob, dessen Schwäche das Gewicht verhundertfacht,

durchhallte ein *N*ame mit einem Schrei den ganzen Hof der Martern, der *N*ame eines der unseren, ein *N*ame, der einst gestern als wir lebendig waren mit uns durch die Straßen von Osnabrück ging, als Kamerad des Alltags, ein echter Name eines Händlers, eines Anwalts, eines, so:

*Max Gottschalk! Nach Vorne!*\*

Aufstehen! Hier! Und Max Gottschalk mit seinem nach vorne gerufenen *N*amen steht auf und geht. Nach vorne. Seinem *N*amen gemäß.

Wir sahen ihn durch den großen Mund des Tors verschwinden, das bedeutete: *F*reiheit, und wir haben ihn nicht mehr wiedergesehen. Elia entrückt!

Und da:

Anstelle von Gottschalk, dem *N*amen und der *P*erson, nehme ich da in der Finsternis einen Hoffnungsschimmer wahr, une *lueur* d'espoir. *Schimmer\**. Glimmert. Dieser ganz besondere Schimmer ist nur in der Finsternis zu sehen, unter der Bedingung der Finsternis, wie ein Sekret der Finsternis selbst, ein farbloses Schwitzen, une sueur sans couleur, ein Atem, der sich jenseits vom Jenseits abspielt.

Alle aus Osnabrück wussten, dass Gottschalk ein Visum für Amerika beantragt hatte. Es ist als hätte er es in der Tasche gehabt. Er steht auf, blutmaskiert, und es ist Amerika. Katzmann auch, als ob, Leo auch, als ob. Jeder ist aufgesprungen und hat die Hoffnung in den Leichnam der Existenz zurückkehren gespürt, es beginnt mit einem lauen Prickeln im rechten Zeigefinger, der nichts mehr fühlte, ein toter Finger, zeigte nicht mehr, sah nicht mehr, unterzeichnete nicht mehr. Gottschalk ist aufgestanden, alle sind in Gottschalks Stehen aufgestanden worden, in einem Augenblick hat Gottschalk das Vorne des Hofs der Martern erreicht, alle sind reglos nähergetreten und niemand hat ihn mehr wiedergesehen, jeder ist mehr oder weniger durch das Tor *F*reiheit hindurchgegangen, körperlich verbunden mit einem Finger von Gottschalk. Jeder hat sich ein klein wenig befreit gefühlt, durch die Brust eines jeden ist ein kleines ersticktes Lachen gelaufen, ich weiß nicht, ob auch bei Herrn Trepp in der Agonie, aber für mich, Siegfried, war es deutlich, Gottschalk hätte ich sein können, warum er? warum nicht er? also warum nicht ich? die Erwählung ist dies, eine Chance, ohne Warum, warum nicht Katzmann, das Wesentliche ist, dass es Chance gibt, jeder ist mit Gottschalk hinausgekommen und Gottschalk ist ohne Adieu ohne ein Wort mit allen Osnabrückern hinausgegangen, ohne zu wissen warum

ohne zu wissen warum ist Max Gottschalk „befreit" worden aus dem Kamp und für das Leben

der halb tote Lehrer Trepp ist befreit worden, um von Buchenwald nach Auschwitz deportiert zu werden, wo der Rest von ihm getötet worden ist, halb in dem einen Lager sterben, halb in dem anderen,

und warum, warum ster hier und ben da?

*E*s steht so *G*eschrieben mit schlechtem Geschmack, Ungerechtigkeit,

ich hätte geschrieben stehen können wie Trepp, denkt Fred, aber schließlich stand ich geschrieben wie Max Gottschalk, der Sohn des Viehhändlers

bedenkt man, dass ich die Verzweiflung noch schneller verloren habe als die Hoffnung, und zwar dank Gottschalk, staunt Siegfried auf Seite 25, dank einem Typen aus Osnabrück von dem ich fast nichts weiß außer seinem *N*amen.


Als erstes bin ich nicht gestorben, dann bin ich nicht verrückt geworden, und nun wo man einen herausruft, *E*inen, dem man das Tor der Verzweiflung öffnet, *Recht oder Unrecht**, Gerecht oder Ungerecht, einer von fünfzehntausend *Juden*, einer von den hundert aus Osnabrück und alle haben sich von Gottschalk gerettet gefühlt, bis niemand ihn je wiedersah.

– Gottschalk? Das ist eine espièglerie de Dieu, sagt meine Mutter, eine Eulenspiegelei Gottes.

– Sowas nenne ich ein Wunder, sagt meine Mutter, wenn du aus dem Rachen des Todes herausgekommen bist, du zergehst bereits auf der Zunge des Ungeheuers, noch eine Sekunde und du wirst verschlungen, und da ist plötzlich der Retter-der-nichts-hermacht, es ist weder ein Engel noch ein Heiliger, es ist kein Held, und natürlich, zack! in dem Moment, wo er dahingeht, wohin er gerufen wird, stolpert er, um ein Haar bricht er sich den Hals, ein glanzloser Abgang, die SS-Leute lachen sich krumm, das ist ein *Jude*, der die *Juden* aufs Vollkommenste nachahmt, er lässt mich an Tony Cantor denken, die die ganze Zeit hinfiel, selbst am Tag ihrer Hochzeit verheddert sie sich mit dem Fuß in ihrem Brautkleid, die Tochter des Geflügelhändlers, selbst Baruth der Rabbiner, dem der Glaube fehlte, hat gelacht, und so hat das Ungeheuer seine Beute ausgespuckt, und Gottschalk steht ganz erstaunt draußen, es ist Gottschalk mit den großen Ohren, der Viehhändler, der Klassenletzte, aber freundlich.

Meine Mutter hat Tränen gelacht. Sie schneuzt sich. Es verzückt mich, sie sich schneuzen zu sehen. Eine Eulenspiegelei Gottes!

– Kennst du Till Eulenspiegel? sagt meine Mutter.

Urplötzlich bin ich am Geräusch eines Signifikanten erwacht. *Gottschalk!* Der Name mit dem Vieh hat sich urplötzlich aktualisiert.

*Espiègle Dieu! Gott Schalk!* Welch eine Schelmerei! Und genau wie Gott geht sie von den Redenden unbemerkt vorüber. Dabei bekundet sich „Gott", der niemand anderes ist als das Geräusch vom Lachen des Lebens, ja in Vermummungen, sprich, entspinnt sich und signiert, signiert und entspinnt sich, und hinterlässt dabei eine kleine Spur phosphoreszierenden Schleims in der Finsternis.

Man denkt nicht daran. Die Sprache denkt daran.

*Esp'* sagt meine Mutter und wischt sich die Augen ab. Das reimt sich auf
*Esp'?* – oir, auf *Hoffnung*, diese ganze Geschichte von Nächten voller Geheul, von Gemeinheiten der Menschen und für nichts

# Anmerkungen der Übersetzerin

1 Ein kursivierter Anfangsbuchstabe zeigt an, dass im französischen Original ein Wort, das normalerweise klein geschrieben würde, mit einem Großbuchstaben beginnt.
2 Die Interpunktion des Originals weicht bisweilen vom Gewohnten ab, tendenziell werden weniger Kommata gesetzt, als zu erwarten wären. Die Übersetzung versucht dem zu folgen, setzt jedoch mitunter ein paar mehr Kommata als das Original.
3 Ein Asteriskus steht nach einem Wort sowie nach einer Wortfolge, die im Original Deutsch sind.
4 „Zivilistes" im Original: Hier und bei allen anderen Vorkommen trägt das Wort einen deutschen Anfangsbuchstaben und, sofern Plural, eine französische Pluralendung.

*Passagen forum*

Hélène Cixous

# Wir trotzen den Vorzeichen

„Meine Bücher sind Städte, in denen die Märchentoten ihre Bleibe haben. Alle meine Dichter sind tot. All die Toten leben fort in jenen Städten, die sie gestern besungen und bezaubert haben, sage ich. Gespenster? Sagt meine Tochter. Hüter der Zeit, sage ich."
Dieses Buch ist ein Gedächtnisspaziergang, dem ein Zitat Hamlets – *Wir trotzen den Vorzeichen*: *We defy augury* (Hamlet, V, 2) – seinen Namen gibt. Ihr ganzes geheimes Lieben und Leben lang haben die Liebenden den Vorzeichen getrotzt, und es lässt sich nicht entscheiden, ob sie es wissentlich getan haben oder nicht. Wie auch hätten sie die vielen Vorzeichen erkennen und deuten können, die ihnen das Schicksal beispielsweise damals zugespielt hat, als sie, in nächster Nähe zu Heaven, im Restaurant in der 107. Etage der *Twin Towers* zu Tische saßen? Und dennoch, sagt das Buch, scheint Isaac immer schon geahnt zu haben, was später dann uns allen zugestoßen ist … Es wird darum gehen, die Vorzeichen jetzt zu lesen, jetzt, wo die *Twin Towers* nicht mehr sind und der ewige Geliebte tot ist. Dabei entsteht aber keine Klage, sondern eine Art hohes Lied auf das Leben als immer neu sich erfindender Widerstand gegen jene Mächte, die es auslöschen wollen.